主编 纪彬 唐静 张璇 陈慧椅

新时代大学生劳动教育与乡村振兴的融合与实践

XINSHIDAI DAXUESHENG LAODONG JIAOYU
YU XIANGCUN ZHENXING DE RONGHE YU SHIJIAN

中国财经出版传媒集团

经济科学出版社
Economic Science Press

·北京·

图书在版编目（CIP）数据

新时代大学生劳动教育与乡村振兴的融合与实践／
纪彬等主编． -- 北京：经济科学出版社，2023.11
ISBN 978 - 7 - 5218 - 4427 - 6

Ⅰ.①新… Ⅱ.①纪… Ⅲ.①大学生 - 劳动教育 - 研
究 ②农村 - 社会主义建设 - 研究 - 中国 Ⅳ.①G40 - 015
②F320.3

中国国家版本馆 CIP 数据核字（2023）第 012285 号

责任编辑：杜　鹏　郭　威
责任校对：刘　娅
责任印制：邱　天

新时代大学生劳动教育与乡村振兴的融合与实践

XINSHIDAI DAXUESHENG LAODONG JIAOYU YU
XIANGCUN ZHENXING DE RONGHE YU SHIJIAN

主编　纪　彬　唐　静　张　璇　陈慧椅
经济科学出版社出版、发行　新华书店经销
社址：北京市海淀区阜成路甲 28 号　邮编：100142
编辑部电话：010 - 88191441　发行部电话：010 - 88191522
网址：www. esp. com. cn
电子邮箱：esp_bj@163. com
天猫网店：经济科学出版社旗舰店
网址：http://jjkxcbs. tmall. com
固安华明印业有限公司印装
787×1092　16 开　11.5 印张　210000 字
2023 年 11 月第 1 版　2023 年 11 月第 1 次印刷
ISBN 978 - 7 - 5218 - 4427 - 6　定价：68.00 元

编 委 会

前　言

劳动教育是中国特色社会主义教育制度的重要内容，直接决定社会主义建设者和接班人的劳动精神面貌、劳动价值取向与劳动技能水平。2020年3月，中共中央、国务院印发《中共中央 国务院关于全面加强新时代大中小学劳动教育的意见》；同年7月，教育部印发《大中小学劳动教育指导纲要（试行）》，要求全国大中小学全面开展劳动教育必修课，对加强新时代劳动教育进行了整体设计，强调将劳动教育纳入大中小学人才培养全过程，建立起一套完备的劳动教育体系。这些纲领性文件将劳动教育事业推向新的高度、新的阶段，社会各界日益关注劳动教育、高度重视劳动教育、扎实推进劳动教育的氛围愈加浓厚。

乡村振兴战略的实施在推动我国城乡统筹协调发展、全面建成小康社会以及全面建设社会主义现代化国家中具有极其重要的作用。大学生作为掌握了先进科学文化知识和先进技术的高素质人才，是乡村振兴战略实施中急需的人才。本教材将新时代大学生劳动教育结合乡村振兴的理论和实践进行研究与阐释，是面向普通高等院校大学生开展劳动教育、推进乡村振兴战略的通用教材。

本教材共六章，分别为大学生劳动教育概述、国外"乡村振兴"做法简介、新时代乡村振兴战略对大学生的要求、新时代大学生乡村社会实践、新时代大学生乡村就业创业实践和新时代大学生乡村文化传承，体系完整、内容新颖，既保证了对理论系统的完整介绍，又通过实践经验总结、案例分析，培养学生独立分析问题、思考问题和解决问题的能力，推动新时代大学生践行劳动最光荣、劳动最崇高、劳动最伟大、劳动最美丽的观念。

本教材由纪彬、唐静、张璇、陈慧椅担任主编，龙世邦、魏煊、陈琳琳、张自勉、吴怡、骆泽深、许嘉航、洪璇、许跃浩作为主要编者参与编写，经济科学出版社编辑为本教材提出了很多宝贵意见和建议。在本教材编写出版过程中，也得到了编者单位领导的大力支持，同时还参考和引用了国内外有关教材、著作和研究成果，在此一并致以衷心的感谢！

　　由于编者水平有限，难免存在疏忽与不妥之处，敬请同行专家及读者多提建议和意见，以便修订时更加完善。

编者

2023 年 9 月

目　　录

第三篇 案例篇

第一篇

理 论 篇

第一章

大学生劳动教育概述

本章就高校劳动教育的相关基础内容进行一般性概述，围绕新时代高校劳动教育的内涵和外延、我国高校劳动教育实践的演进过程、高校劳动教育的一般形式等问题进行探讨，以界定高校劳动教育范围，普及相关常识。首先，介绍了劳动和劳动教育等基本概念，并区分了劳动和劳动教育两者间关系，同时对高校劳动教育的内涵和外延进行深入分析。其次，梳理回顾了我国高校劳动教育实践的演进过程。最后，概括性介绍了目前高校劳动教育的一般形式。

第一节　高校劳动教育的内涵及延伸

劳动教育作为中国特色社会主义教育制度的重要组成部分，对社会主义建设者和接班人劳动精神面貌的塑造、劳动教育取向的选择以及劳动技能水平的锻炼有着至关重要的直接决定作用。劳动教育是现阶段培养时代新人的必要途径，习近平总书记明确指出，要在学生中弘扬劳动精神，教育引导学生崇尚劳动、尊重劳动，懂得劳动最光荣、劳动最崇高、劳动最伟大、劳动最美丽的道理，长大后能够辛勤劳动、诚实劳动、创造性劳动。[①] 习近平总书记指出要开展以劳动创造幸福为主题的宣传教育，把劳动教育纳入人才培养全过程，贯通大中小学各学段和家庭、学校、社会各方面，教育引导青少年树立以辛勤劳动为荣、以好逸恶劳为耻的劳动观，培养一代又一代热爱劳动、勤于劳动、善于劳动的高素质劳动者。[②] 党和国家在教育方针上强调劳动精神和劳动教育，凸显了劳动育人在教育工作中的重要性。本教材主要针对高等学校的劳动教育课程设计编写，内容包括劳动教育的理论、方法及实践。

---

① 中共中央 国务院关于全面加强新时代大中小学劳动教育的意见 [N]. 人民日报, 2020 – 03 – 27.
② 习近平. 在全国劳动模范和先进工作者表彰大会上的讲话 [J]. 党建, 2020 (12)：4 – 7.

一、相关概念

（一）劳动

劳动创造了人，使人成为"万物之灵"。人也创造了劳动，使劳动由低级向高级形态发展。首先，劳动作为一种实践活动，是人类社会领域特有的。人类是从事劳动的主体，倘若离开人类社会这一特定领域，劳动也就无从谈及，这也决定了人类劳动具有自觉性、目的性、计划性、创造性的本质特征。其次，劳动有狭义和广义之分。狭义的劳动一般多指体力劳动，现以工业和农业领域中的生产劳动为主，而广义的劳动包括但不限于体力劳动，它是人类有意识地、有目的性地进行劳动创造、劳动服务的一切实践活动，是体力劳动与脑力劳动的统一体，主要包括人们围绕各种生产资料和生活资料进行的生产活动、日常生活劳动、各种非物质形态的服务性劳动。最后，劳动对人类社会的生存与发展具有极为重要的现实意义。①

（二）劳动教育

基于以往对劳动教育的有关定义进行分析可以发现，人们对劳动教育本质属性的认识大体可以分为四类。②

1. 将劳动教育主要视为德育的内容。《辞海》对劳动教育的定义是："劳动教育是德育的内容之一，对学生进行热爱劳动和劳动人民、珍惜劳动成果、树立正确的劳动观点和劳动态度、通过日常生活培养劳动习惯和技能的教育活动。"③《中国大百科全书》对其的定义为："使学生树立正确的劳动观点和劳动态度，热爱劳动和劳动人民，养成劳动习惯的教育，是德育的内容之一。"④ 以上定义均强调劳动教育是德育的一部分，侧重情感、态度、价值观的培养，以培养学生热爱劳动和劳动人民的情感、树立正确劳动观念和态度为主要教育目的，把劳动习惯和技能的教育看作日常生活培养的结果，突出劳动教育的德育属性。

2. 将劳动教育主要视为智育的内容。《教师百科辞典》对劳动教育的定义是："劳动教育就是向受教育者传播现代生产的基本知识和技能，培养他们具有正确的劳动观点、劳动习惯以及热爱劳动人民、劳动成果的感情。劳动教育十分重视劳动过程中的智力因素，把平凡的劳动同创造性劳动结合起来，把简单的劳动与富有知识的劳动结

---

① 张阳. 以培养时代新人为指向的大学生劳动教育研究 [J]. 新经济，2021（1）：34 – 39.
② 曲霞，刘向兵. 新时代高校劳动教育的内涵辨析与体系建构 [J]. 中国高教研究，2019（2）：73 – 77.
③ 夏征农. 辞海 [M]. 上海：上海辞书出版社，1999：383 – 384.
④ 《中国大百科全书》总编委会. 中国大百科全书 [M]. 2 版. 北京：中国大百科全书出版社，2009：425.

合起来。"① 该定义强调劳动教育更侧重于传播现代生产基本知识和技能，将提高社会劳动生产的智力水平作为劳动教育的结果，突出劳动教育的智育属性。

3. 将劳动教育视为德育和智育的综合体。《中国百科大辞典》对劳动教育的定义是："劳动教育是以劳动实践为主，结合进行思想教育。技术教育是使学生掌握一定的生产知识及技术和劳动技能。其实施有利于培养学生的劳动观点、劳动技能和劳动习惯，为普通教育和职业教育打下基础。"② 通过此定义可见，劳动教育与技术教育的培养目标并非完全割裂，前者偏重于德育，后者更偏重于智育，两者相结合来共同培养学生的劳动观点、劳动技能和劳动习惯。

4. 将劳动教育视为促进学生全面发展的实践教育形式。苏霍姆林斯基认为："劳动教育是对年轻一代参加社会生产的实际训练，同时也是德育、智育和美育的重要因素。"③ 其劳动教育的理想追求是"使每一个人早在少年时期和青年早期就能领悟到劳动能使他的自然天赋更全面、更明显地发挥出来，劳动会带给他精神创造的幸福"④。陶行知也把劳动教育视为"在劳力上劳心"的实践活动。他说："中国教育之通病是教用脑的人不用手，不教用手的人用脑，所以一无所能"，劳动教育的目的就在于"谋手脑相长，以增进自立之能力，获得事物之真知及了解劳动者之甘苦"⑤。从劳动教育实践大家对于劳动教育的阐述中可知，劳动教育也可以被理解为是一种"做中学"的实践形式，以促进学生全面发展为主要教育目的，以激发个体的劳动热情、促进认知发展、提高实践能力和养成良好的个性，突出劳动教育对于个人发展具有重要的内在价值属性。

（三）劳动和劳动教育的关系

劳动和劳动教育都属于人类实践活动，但从实践目标上来看，两者截然不同。前者的首要目的是创造物质财富与精神财富，后者主要是为了培养学生劳动素养。但在实践中，由于劳动与劳动教育的关系在实际操作中没有得到有效澄清，使得劳动教育仍存在许多实践误区。

实际上，劳动和劳动教育遵循着不同的行动逻辑。马克思认为："劳动首先是人和自然之间的过程，是人以自身的活动来引起、调整和控制人和自然之间的物质变换的过程。"⑥ 劳动的发生源于人类对社会物质和文化财富的创造，通过劳动，人类才能在自然中得以生存和发展。换言之，生产特定类型的财富是人类参与劳动的最终目的，

---

① 教师百科辞典编委会. 教师百科辞典 [M]. 北京：社会科学文献出版社，1987：317.

② 《中国大百科全书》总编委会. 中国大百科全书 [M]. 2 版. 北京：中国大百科全书出版社，2009：460 - 461.

③④ 苏霍姆林斯基. 帕夫雷什中学 [M]. 赵玮，王义高，蔡兴文，等译. 北京：教育科学出版社，2009.

⑤ 刘猛. 劳动教育：从陶行知到毛泽东 [J]. 江苏教育学院学报（社会科学版），2003（2）：18 - 21，51.

⑥ 马克思恩格斯全集（第 23 卷）[M]. 北京：人民出版社，1972.

而不是想要实现个体自我的发展和完善，这决定了劳动教育的基本属性是生产性而非教育性。因此，在劳动过程中，劳动者主要发挥劳动力的生产要素作用。此外，虽然劳动实践中蕴含众多关键的教育因素，但如果不加以自觉的教育设计，这些教育因素所能发挥的教育力量只能是潜在的、产生的教育影响必然是自发的而非自觉的。个体在参与劳动的过程中需要付出体力和智力，若在这一过程中缺乏必要的教育引导，体力和智力的艰苦付出则可能更容易引发身心上的紧张感与压迫感，从而对劳动本身产生负面的情感体验，甚至是错误的劳动观念。

正确区分劳动和劳动教育具有必要性，我们必须清楚地认识到：劳动教育的核心目标在于培养学生的劳动素质，并非创造物质财富。牢牢把握好这一核心目标，相信能少走很多劳动教育实践探索中的弯路。

二、高校劳动教育内涵

在已有劳动教育概念及相关研究的基础上，结合新时代背景下的劳动发展趋势以及高校立德树人培养模式的特殊性，本教材尝试对高校劳动教育采取以下定义：新时代高校劳动教育是高等教育人才培养体系的重要组成部分，是在顺应新时代劳动发展趋势的大前提下，对大学生进行系统的劳动思想教育、劳动技能培育与劳动实践锻炼，全面提高大学生劳动素养的过程，其目的是引导新时代大学生在劳动创造中追求幸福感、获得创新灵感，培养具有社会责任感、创新精神和实践能力的高级专门人才。[①]

该定义从五个方面明确了新时代高校劳动教育的本质属性。

1. 在地位上，新时代高校劳动教育应成为人才培养体系的专门一部分。劳动教育有自身独特的育人价值，理应从促进学生全面发展的有效途径提升为与德智体美四育并举的、全面发展的人才培养体系的一部分。高等教育是高素质劳动者大军培养的直接出口，是年轻人走向职场的最后一步训练，主要培养的是服务各行各业的高级专门人才。因此，高校劳动教育在依托专业教育强化劳动知识与技能培养的同时，还需要依托专门的体系，强化大学生劳动价值观、劳动情感态度、劳动伦理责任、劳动权益意识等各方面劳动素养的培养。从实践效果来看，任何教育要有效落实必须依托于一套成熟、完善、科学的课程与教学体系。新时代高校劳动教育也应该是课程劳动与专业劳动的有机结合，在专业教育之外，应设置专门的劳动教育选修或必修课程，系统建构独立设置与有机融入相结合的高校劳动教育体系。

2. 在内容上，新时代高校劳动教育应反映新时代劳动发展趋势。劳动是一个发展性的概念，在不同的历史时期有不同的内涵。在新时代，"劳动的内容将会越来越丰富

---

① 曲霞，刘向兵. 新时代高校劳动教育的内涵辨析与体系建构 [J]. 中国高教研究，2019（2）：73 - 77.

多彩；劳动形式将会越来越富于变化；劳动者的流动性将会逐渐增强；劳动的世界性将会把人类劳动联结为一体；劳动者的体力支出会越来越少，而智力支出会越来越多；劳动生产率将会越来越高，人的闲暇时间会越来越多；劳动主体的作用会越来越突出，人才的重要性会越来越突出，世界各国对人才的争夺战会越来越加剧；劳动仍然是人们谋生的重要手段，但其乐生性将逐渐成为重要内容"①。这一系列新变化要求新时代高校劳动教育作出新的呼应、增添新的内容。

3. 在形态上，新时代高校劳动教育表现为劳动思想教育、劳动技能培育与劳动实践锻炼三大任务领域。其中，劳动思想教育凸显了劳动教育的德育属性，大学生劳动价值观、劳动情感态度、劳动伦理责任、劳动权益意识等方面的培养均属于劳动思想教育范畴。劳动技能培育凸显了劳动教育的智育价值，大学各专业的理论学习、实习实训、产教融合等虽不乏劳动思想教育的价值，但更偏重劳动技能的培育；劳动实践锻炼强调了劳动教育的"体知"特点，旨在引导学生在广阔的生产劳动与社会实践中增进知识、磨炼意志、增长才干、提高素质、培养社会责任感。这三大任务领域虽各有侧重，但又"三位一体"，相互影响、相互促进，体现了新时代高校劳动教育是"关于劳动的教育"与"通过劳动的教育"相统一、理论学习与实践训练相结合的过程。②

4. 在目标上，新时代高校劳动教育以全面提升大学生劳动素养为主要关注点。如前所述，劳动教育一直被视为促进人的全面发展的重要途径，新时代高校劳动教育更应充分发挥好劳动教育树德、增智、健体、育美、创新的综合育人价值。但同时也要意识到，劳动教育之所以要取得与德智体美四育并举的地位，根本原因在于其有自身独特的育人任务——提升学生的劳动素养。高校劳动教育的三大任务领域——劳动思想教育、劳动技能培育、劳动实践锻炼，均以全面提升大学生劳动素养为根本着眼点。换言之，大学育人的各主要环节——思想政治教育、专业教育、实习实训、创新创业教育、就业指导、社会实践、志愿服务、产教融合等本身都含有劳动教育的基因，但如果这些育人环节的关注点主要是知识技能本身的学习、巩固和运用或一般意义上的道德养成，而非劳动素养的提升的话，严格地说，不能被视为真正的劳动教育。

5. 在目的取向上，新时代高校劳动教育追求内在价值与外在价值的和谐统一。该定义强调，新时代高校劳动教育的目的首先是引导大学生在劳动创造中追求幸福感、获得创新灵感；其次是在此基础上为国家建设培养具有社会责任感、创新精神和实践

① 王凤兰，黎延年. 论知识经济条件下劳动的内涵和外延 [J]. 社会科学论坛，2003（5）：4-5.
② 班建武. 劳动与劳动教育的关系辨析及其实践意义 [J]. 广西师范大学学报（哲学社会科学版），2021，57（2）：51-60.

能力的高级专门人才。这一目的定位体现了新时代劳动教育内在价值与外在价值的统一。①

第二节　我国高校劳动教育实践的演进过程

2018 年 9 月，习近平总书记在全国教育大会上提出了"培养德智体美劳全面发展的社会主义建设者和接班人"的人才培养目标，明确要求，要在学生中弘扬劳动精神，教育引导学生崇尚劳动、尊重劳动，懂得劳动最光荣、劳动最崇高、劳动最伟大、劳动最美丽的道理，长大后能够辛勤劳动、诚实劳动、创造性劳动。② 这是从战略高度对劳动教育的再诠释，是从时代角度对劳动教育的再认识，是将马克思主义劳动观与新时代中国教育实际相结合提出的新论断。③ 2020 年 3 月，中共中央、国务院印发《关于全面加强新时代大中小学劳动教育的意见》，明确提出"劳动教育是中国特色社会主义教育制度的重要内容，直接决定社会主义建设者和接班人的劳动精神面貌、劳动价值取向和劳动技能水平"④。本节主要对我国劳动教育的发展历程与现状进行梳理，探索新时代背景下高校劳动教育的发展方向，并探索在高校人才培养中加强劳动教育的路径。

一、劳动教育的发展与现状

新中国成立之后，我国重视劳动教育，强调教育必须同生产劳动相结合，有计划地组织开展劳动教育。改革开放以来，我国高等教育事业实现了快速发展，劳动教育也得以重新调整。

1984 年 9 月，中宣部、教育部发布《关于高等学校学生参加生产劳动的若干规定》，提出"组织学生参加一定时间的生产劳动，是实现社会主义大学培养目标不可缺少的重要环节，也是对学生进行思想政治教育的重要途径。生产劳动应列入教学计划"。自 1986 年起，清华大学在全国高校中率先将公益劳动课程列入教学计划，其成为学生的必修课。自此，高校开设公益劳动课程蔚然成风。劳动教育的形式与内容也不是一成不变的，随着社会的发展和进步，其形式与内容发生了明显的变化，主要表

---

① 曲霞，刘向兵. 新时代高校劳动教育的内涵辨析与体系建构 [J]. 中国高教研究，2019 (2)：73 – 74.

② 习近平在全国教育大会上强调坚持中国特色社会主义教育发展道路　培养德智体美劳全面发展的社会主义建设者和接班人 [N]. 人民日报，2018 – 09 – 11.

③ 叶志明，陈方泉，杨辉. 我国高等教育中劳动教育的演变、内涵与进路 [J]. 中国高等教育，2020 (Z3)：9 – 11.

④ 中共中央 国务院关于全面加强新时代大中小学劳动教育的意见 [N]. 人民日报，2020 – 03 – 27.

现为以下特点。

1. 劳动教育与德育密不可分。1994年发布的《中共中央关于进一步加强和改进学校德育工作的若干意见》明确指出，"教育与生产劳动相结合，是坚持社会主义教育方向的一项基本措施。各级各类学校都要把组织学生适当参加一定的物质生产劳动作为一门必修课，列入教学计划，统筹安排，各级教育行政部门要进行具体督促检查。实验、实习课程也要进一步加强，在时间、内容、组织、条件上予以落实和保证"①。显然，劳动教育天然具有德育的属性，与德育密不可分。但需要注意的是，劳动教育自身具有鲜明的特征、内容与方式，两者之间并非从属关系。

2. 劳动教育密切关注劳动实践。高校在搭建劳动教育人才培养体系的过程中，始终密切依托劳动实践来开展。具体表现为：劳动教育在内容上越来越呈现出职业化和专业化，以技艺类劳动作为课程的载体，以实用制作与实践活动作为课程的主要内容；同时，基于现实可操作性和安全性，引导学生在校园内从事简单劳动。

3. 劳动教育师资力量亟须强化。作为一门必修课，高校开设的劳动教育课程必须实现全覆盖，但高校学生数量巨大，倘若仅由劳动教育专业教师来开展此门课程，其开课压力是可以想象的。同时，由于劳动课程本身不是一门学科，这也决定了在高校中很少存在劳动教育专任教师，高校也很少会为了这一门课程专门引进师资承担相关教学任务。因此，当前高校劳动教育课程教师大多由学校的后勤员工兼任。这些师资在劳动教育方面虽有一技之长，但在育人方面却存在一些短板。应当深刻地认识到，建设打造出一支执着于教书育人、有热爱教育定力、带干劲闯劲钻劲的高水平劳动教育师资队伍，是新时代高校劳动教育发展和完善过程中的重要任务。

二、劳动教育在新时代的发展方向

从新时代劳动教育的新方位来看，劳动教育主张通过对于人内在的价值塑造而实现外在的影响，更加强调在劳动价值观、劳动态度和劳动品格上对劳动主体的客观塑造，培养劳动素养，进而在全社会形成积极向上的劳动风尚。随着劳动教育的发展，其变化特别体现在战略方位和途径方式两方面。

（一）劳动教育开始从载体向独立体系的转变

中共中央、国务院发布的《关于全面加强新时代大中小学劳动教育的意见》中指出，劳动教育是国民教育体系的重要内容，是学生成长的必要途径，具有树德、增智、强体、育美的综合育人价值。实施劳动教育重点是在系统的文化知识学习之

---

① 中共中央关于进一步加强和改进学校德育工作的若干意见 [J]. 中国高等教育，1994（10）：5-8.

外，有目的、有计划地组织学生参加日常生活劳动、生产劳动和服务性劳动，让学生动手实践、出力流汗，接受锻炼、磨炼意志，培养学生正确劳动价值观和良好劳动品质。①

教育方针的转变，既有对客观教育规律认识的不断加深，也有客观世界变化对教育带来的深刻影响。习近平总书记强调指出："社会主义是干出来的，新时代也是干出来的。"② 这一重要论述对社会的发展变化有着极为深刻的认识和理解。思想是社会环境的深刻反映，正是基于对当今社会的深刻把握，习近平总书记在全国教育大会上提出了"培养德智体美劳全面发展的社会主义建设者和接班人"的人才培养目标，明确要求要在学生中弘扬劳动精神，教育引导学生崇尚劳动、尊重劳动，懂得劳动最光荣、劳动最崇高、劳动最伟大、劳动最美丽的道理，长大后能够辛勤劳动、诚实劳动、创造性劳动。③

习近平总书记在全国教育大会上对劳动教育的论断，体现了对历史和未来的双重理解。由此，劳动教育作为一个独立体系，必将在新时代的教育体系中扮演更为重要的角色，对形成积极向上的社会风气、促进国家社会发展和民族进步将会产生重要作用。

（二）劳动教育开始关注劳动主体的价值塑造

长期以来，高等教育对于劳动教育的目的和结果的表述是"热爱劳动，走与工农相结合的道路""体现了培养学生道德问题上的继承与发展""增进了对劳动人民的了解和感情，强化了集体主义精神"等。各地区和学校坚持教育与生产劳动相结合，在实践育人方面取得了一定成效。同时，党和国家也发现了劳动教育存在的不足，在《关于全面加强新时代大中小学劳动教育的意见》中明确提出，近年来一些青少年中出现了不珍惜劳动成果、不想劳动、不会劳动的现象，劳动的独特育人价值在一定程度上被忽视，劳动教育正被淡化、弱化。

党的十八大以来，党和国家对人才培养的规律性认识进一步加深，人才培养从学科本位和知识本位开始向育人本位和素养本位发生结构性转型。在结构性转型情况下，劳动教育被赋予了塑造劳动主体内在价值的作用。这种价值的塑造体现在可以确保人获得一种自我存在的价值感和意义感。④

---

① 中共中央 国务院关于全面加强新时代大中小学劳动教育的意见 ［N］. 人民日报，2020 - 03 - 27.

② 全国劳动模范和先进工作者表彰大会隆重举行 习近平发表重要讲话 ［EB/OL］.（2020 - 11 - 24）. http：//www.gov.cn/xinwen/2020 - 11/24/content_5563830. htm.

③ 习近平在全国教育大会上强调坚持中国特色社会主义教育发展道路 培养德智体美劳全面发展的社会主义建设者和接班人 ［N］. 人民日报，2018 - 09 - 11.

④ 叶志明，陈方泉，杨辉. 我国高等教育中劳动教育的演变、内涵与进路 ［J］. 中国高等教育，2020（Z3）：9 - 11.

第三节 乡村振兴是高校劳动教育的重要形式

一、新时代劳动教育的改变

进入新时代，在有关劳动和劳动教育的内涵、劳动教育的内容与形式以及劳动素养的要素等方面，都取得了一定的研究成果。

首先，新时代的劳动形式发生了变化。劳动由工业时代的"制造型劳动"逐渐转化为非生产性、服务性劳动和非物质性劳动多种劳动形式，更具多样性、复杂性和隐性。

其次，新时代劳动教育的目标内涵发生了变化。一方面，劳动教育旨在培养学生劳动知识和技能以服务社会生产与发展，其本身具有一定的智育性质，这种外向性目标指向的是生产劳动本身；另一方面，劳动教育主要以劳动形式的手段开展，注重人精神层面的提升和完善，属于内向性目标。班建武认为"劳动教育不单是简单的体力锻炼，更是一种正确劳动价值观的积极引导"。[①] 因此，新时代劳动教育的主要任务应当包括劳动知识技能的教育、劳动实践活动的实施、劳动价值观的培育三个方面。

最后，新时代的劳动素养构成要素发生了变化。新时代背景下对劳动本身产生的新理解造成劳动教育的目标以及功能产生新变化，劳动素养的构成要素也必然发生了变化。劳动素养包括劳动价值观、劳动态度、劳动知识技能以及劳动实践与习惯等方面。

二、新时代加强大学生劳动教育的实践路径

新时代加强大学生劳动教育要树立以生为本的理念，着力在观念、制度、实践、评价四个方面创新实践路径，构建具有内生动力的劳动教育体系。[②]

（一）观念层面：更新观念，全面提高对劳动教育重要性的认识

学校作为劳动教育的主要场所，要提高对大学生劳动教育重要性的认识。一方面，应深刻认识到劳动教育是理论与实践相结合的教育，是大学生自我实现、自我发展、

---

① 班建武. 劳动与劳动教育的关系辨析及其实践意义 ［J］. 广西师范大学学报（哲学社会科学版），2021，57（2）：51-60.

② 冯刚，刘文博. 新时代加强大学生劳动教育的时代价值与实践路径 ［J］. 中国高等教育，2019（12）：22-24.

自我完善的重要途径，是实现立德育人目标不可或缺的关键环节。另一方面，也要认识到劳动教育对于帮助学生树立正确的价值观、培养健全的人格有着至关重要的作用，通过劳动教育，有利于培养学生形成良好的劳动习惯和独立自主的生活能力，使学生形成勤奋踏实、艰苦奋斗的优良作风。

（二）制度层面：建章立制，构建完善的高校劳动教育管理机制

第一，建立系统化的劳动课程育人体系。一方面，劳动教育应当作为一门单独开设的必修课程在高校中展开教学，高校应制定具备操作性的劳动教育教学目标和教学计划，明确教学标准和实践教学比重，编写具有学校特色、符合学校人才培养目标的劳动教育教材；另一方面，高校要充分挖掘各类专业课程特别是工科专业的劳动教育资源，明确专业课程的劳动育人标准，引导学生深入领会坚持不懈、勇于探索的劳动精神。

第二，制定有层次、循序渐进的劳动教育内容体系。不同年级学生的思想行为和身心发展规律都有阶段特点，设计劳动教育内容体系时应遵循学生身心发展规律及不同年级的发展任务，明确分层次的劳动教育内容。

第三，构建完善的劳动教育管理机制。劳动教育应当作为高校加强思想政治工作的重要内容，贯穿办学治校、教育教学的各个环节。要使劳动教育发挥切实有效的教育实效，高校应在实施劳动教育前建立制度规范、分工明确、运行科学、保障有力的劳动教育工作体系，形成党委统一领导、各相关部门密切配合的工作机制。要成立大学生劳动教育工作领导小组，负责劳动教育工作的总体规划、组织实施，统筹协调劳动教育的场地、经费、人员保障，确保劳动教育落实落地。

第四，构建家校社三位一体的劳动协同育人机制。推进家庭、学校和社会三方教育的深度融合，汇聚各类劳动教育资源和力量，发挥社会教育和家庭教育在学生成长过程中的重要作用，实现家校社三方有效衔接，形成互相促进、协同育人的工作格局。

（三）实践层面：创新载体，实现劳动教育与校园文化、社会实践有机融合

一方面，要把劳动教育融入校园文化活动。通过打造具有"劳动教育"特色的校园文化，提高学生对劳动教育的关注与认识。

另一方面，要把劳动教育融入社会实践活动。高校应结合大学生的实际需求，创新劳动教育实践方式和途径，增强劳动教育的吸引力和实效性。例如，可以通过与地方政府、研究院所、企业、社区的合作建设校外劳动实践育人基地，组织学生参加劳动实践活动，让劳动教育走出校门、走进社区、走进农村、走进工厂、走进军营，扎根中国大地，了解国情民情，在劳动实践中"受教育、长才干、做奉献"。也可以在校园内实行卫生包干责任制，在校园绿化管理、公共区域清洁、教室和图书馆管理等

领域设立学生勤工助学岗位，让学生参与其中。

（四）评价层面：以生为本，构建以学生获得感为核心的多元化评价体系

一方面，树立以学生获得感为核心的评价导向。健全完善的劳动教育评价体系能够有效推动大学生劳动教育成效的实现。对劳动教育成效进行评价时，要立足劳动教育主体，将评价的重心放在学生于劳动实践中的获得感上。评价学生的劳动获得感时，要涵盖学生的劳动观念、劳动精神、劳动习惯以及劳动技能四个方面的内容，构建具有科学性、层次性、系统性和可操作性的评价指标体系，全面真实地反映学生在不同劳动教育形式中的获得感。

另一方面，建立可以有效调动学生积极性的多元化劳动教育考核评价体系，促进劳动教育工作向规范化发展。首先，将劳动教育的成绩作为学生评奖评优的重要依据。其次，也可以通过设立劳动专项奖学金来激发学生参与劳动教育的积极性和主动性。再次，劳动教育的考核内容也要遵循理论与实践相结合的原则，不仅以书面测试的方式来考查学生对劳动课程理论的掌握情况，还要以劳动实践心得、答辩交流等形式考查学生的劳动实践成果。最后，考核主体应尽可能多元化，坚持自评与他评相结合，学生要通过撰写实践心得详细说明社会实践的内容、过程、成果以及自身的实践感悟与影响；专业负责老师要于学生在劳动实践过程中的组织纪律、劳动态度、劳动质量等方面开展评价。

三、乡村振兴为大学劳动教育的重要实践形式

乡村振兴不是单一、孤立的政策举措，而是社会主义现代化建设宏伟事业的重要组成部分。乡村振兴战略的目标任务是否科学合理、能否顺利实现，直接关系到我国全面建成社会主义现代化强国的宏伟目标能否如期实现。党的十九大明确了到 2020 年全面建成小康社会、到 2035 年基本实现社会主义现代化、到 2050 年建成富强民主文明和谐美丽的社会主义现代化强国，这是关系我国社会主义现代化建设事业全局的战略安排，也是实施乡村振兴战略目标任务的根本依据。

新时代的劳动教育作为落实立德树人根本任务、培养德智体美劳全面发展的社会主义建设者和接班人的重要载体与手段，正随着新课改推进、新课标实施和新教材使用，越来越受重视。但由于教育的惯性和劳动教育的特殊性，新时代劳动教育如何防止低效，做实、做深、做精、做细，考验着每一位教育工作者的教育智慧。

当前，劳动教育落地有些阻力的一个重要原因是劳动教育对传统学科教学的"冲击"，或者说劳动教育缺乏学科和教师基础。学科教师还是在进行常规教学，缺乏对劳动育人理念的认同，缺乏将劳动教育融入学科的思考，缺乏劳动教育与教学的协同。

在学科中渗透劳动教育思想，关键在于转变学科教师的劳动育人观念。唯有所有学科教师都有渗透劳动教育的意识，方可带来劳动教育的有效实施与实践创新。

新时代劳动教育离不开学科的支撑，学科教师要树立"大劳动教育观"，积极参与劳动教育学科共同体的构建，根据自身学科背景，有意识地将学科教学目标与劳动育人有机整合，在学科教学中渗透劳动价值观，不断突破融合课程的重难点、关键点，以强烈的责任感、扎实的专业技能，发展学生的劳动技能，健全学生的劳动品格。

一是立足学科进行劳动教育的关键在于教与学的协同。为深入贯彻习近平总书记关于教育的重要论述，全面贯彻党的教育方针，落实《中共中央 国务院关于全面加强新时代大中小学劳动教育的意见》和《大中小学劳动教育指导纲要（试行）》等文件要求，高校有必要成立劳动教育小组，将劳动教育纳入学院专业人才培养方案，明确主要依托的课程，加强马克思主义劳动观教育，课堂内容要普及与学生职业发展密切相关的通用劳动科学知识，实践课程中要体现必要的服务性劳动实践体验，形成"劳动＋"课程思政来助力乡村振兴的课程体系。

二是充分把握劳动教育的实践性。将劳动教育等同于劳动技术教育、劳动技能培训等现象是对劳动教育的窄化。有些高校开发了花样繁多的劳动教育活动，但仅是在形式、数量上做文章，并没有进行真正意义上的课程建构，具体实施也仅停留在劳动体验上，没有充分把握劳动教育的实践性。组织劳动课程实践，让学生在做中学，是劳动教育的主要教学方式。因此，将乡村振兴的实践与劳动教育结合是充分把握劳动实践性的重要体现。劳动实践的过程本质上是一个外在实践与内在实践相结合的过程，是学生劳动价值观不断建构、深化的过程。外在实践适宜到乡村振兴即劳动生产现场，在生产性、服务性和创造性劳动中为学生提供直接的经验，使学生将知识经验进行生活化的转化和应用。内在实践则是将知识内化为核心素养，培养劳动习惯、掌握劳动本领、树立热爱劳动品质的创造性活动。学生经历了完整的劳动过程，既淬炼了劳动技能、培养了劳动习惯，又内化领悟到精益求精的工匠精神，这正是劳动教育的实践特性所要追求的。

【案例阅读】

劳动教育正当时　贵大学子展风采①
——记贵州大学助力乡村振兴"十百千"劳动教育实践

贵州大学助力乡村振兴"十百千"劳动教育实践活动在贵州省贵阳市修文县大木村开展，来自贵州大学农学院农业资源与环境、园艺、植物保护等专业的 360 余名师

---

① 劳动教育正当时　贵大学子展风采——记贵州大学助力乡村振兴"十百千"劳动教育实践［EB/OL］.（2020－11－24）. https：//www. gzu. edu. cn/2022/0602/c641a171633/page. htm.

生参加了活动。在大木村韭黄基地，师生们充分利用自身专业知识，以实践协助当地群众开展除草堆肥、田间管理等服务工作。

植保191班学生刘伶艺说："这是我第一次参加这种实践活动。虽然很热很累，但我体会到了从事农业生产的辛苦，也明白了身为一名'植保人'的责任与担当。今后我将加强专业学习，努力把论文写在贵州大地上。"理论与实践相结合，贵州大学让学生在参与劳动实践的同时深化课堂知识，为提升自身能力、服务地方做好充分准备。

据了解，为更好地运用农科师生的专业知识，贵州大学农学院通过发起"十百千"（十名技术村长进驻十个样板村，一百名专业教师服务贵州农业特色产业，一千名本硕博学生服务乡村振兴）的行动服务乡村振兴，贵州省贵阳市修文县大木村则是重点服务的示范点之一。

四、各高校开展劳动教育形式介绍

（一）西北农林科技大学①

一是设置劳动教育理论与实践课程，共2学分。实践课程搭建形成本科分层分类、本研贯通的西农劳动教育特色实践体系。二是将社会实践、创新创业与劳动教育深度融合，设置"五一"劳动月，建立劳动教育实践基地，推进校内平台建设，整合校外场站基地。三是传承中华耕读文化，开展习近平新时代中国特色社会主义思想宣讲、乡村振兴战略调研、科技支农帮扶、美丽中国建设等活动；成立"耕读会"、耕读教育基地、乡村振兴青年实践基地等。

（二）上海财经大学②

一是加强体制机制建设，将劳动教育纳入人才培养全过程。结合学科专业特色，形成"1+7"劳动教育体系。二是夯实课堂教学阵地，切实强化必修课程重要作用。推出以体力劳动为主、服务性劳动和创新性劳动为核心的实践课程"云超市"，供学生自主选择，线上"下单"、线下实践。三是丰富劳动教育形式，充分发挥第二课堂育人功能。让学生加入并实际体验农民、工人、教师、企业工人的生产实践。四是拓展劳动教育平台，深入推进创新创业教育。组织一系列比赛、活动周，设立创业孵化基地和实习基地，组织学生志愿活动、帮助学生进行职业生涯规划等。五是奏响"三全育人"强音，打造"三位一体"协同育人格局。以家庭为基础、学校为主导、社会

---

① 我校率先在全国高校开展劳动教育理论必修课［EB/OL］.（2021–03–15）. https：//news. nwafu. edu. cn/xnxw/6dabcc2e8fdc403c9b576aa54fbd6115. htm.

② 上海财经大学打造劳动教育特色模式［EB/OL］.（2020–06–19）. http：//www. moe. gov. cn/jyb_xwfb/s6192/s133/s172/202006/t20200619_467042. html.

为依托，组织推广一系列活动，建立劳动素养评价机制。

（三）北方民族大学①

北方民族大学坚持"五育"并举，系统构建"寓劳于学"的劳动教育体系。坚持"三全育人"的劳动育人理念，确立"三位一体"劳动教育的价值目标，构建"四个深度互嵌"的劳动教育工作体系。

（四）天津大学②

一是以劳动教育引导学生"会劳动"。利用"北洋学堂"网络教学平台资源，采取"慕课"等方式讲好劳动教育类课程。建设劳动课程基地，开展体验式劳动教育，整合校内外资源建立"劳动体验站"。二是以专业实践锻炼学生"能劳动"。开展产学研结合的劳动实践，深化"创新创业 + 劳动教育"实践，以若干活动比赛为抓手，引导学生在劳动中培育进取创新精神。三是以文化浸润激励学生"爱劳动"。开展选树先进典型的评比活动，开展劳动实践项目，加大劳动实践的力度与频次。

（五）湖北工业大学③

一是建立校外劳动实践基地，开展对"专业 + 劳育"模式的初步探索。二是早在2012 年，学校专门开设劳动必修课，每周拿出两节课的时间，按时参加劳动的学生可获得一个学分。

（六）东南大学④

一是以专业实践为依托，提升学生专业劳动技能。依托工业培训基地，打造工业劳动实践课；开展课外专业劳动实践，形成多学科交叉融合的专业劳动实践课堂。二是以志愿服务为载体，强化学生公益劳动意识。探索构建集专业特色和志愿服务于一体的公益劳动教育模式；持续实施志愿服务实践学堂计划；依托学校特色公益服务项目和志愿服务类学生组织，拓展志愿服务基地。三是以特色项目为平台，提高学生实践动手能力。聚焦学生实践动手能力和校内劳动常态化机制建设，打造一批特色鲜明的劳动实践平台。

---

① 北方民族大学全面部署劳动教育工作［EB/OL］.（2020 - 04 - 02）. https：//www. neac. gov. cn/seac/xwzx/202004/1139803. shtml.

② 天津大学探索构建劳动教育新模式［EB/OL］.（2019 - 11 - 04）. http：//www. moe. gov. cn/jyb_xwfb/s6192/s133/s157/201911/t20191105_406923. html.

③ 湖北工业大学开设校外劳动教育实践基地［EB/OL］.（2021 - 03 - 29）. http：//www. hb. chinanews. com. cn/news/2021/0329/354422. html？qq - pf - to = pcqq. c2c.

④ 东南大学积极推进大学生劳动教育［EB/OL］.（2020 - 09 - 24）. http：//www. moe. gov. cn/jyb_xwfb/s6192/s133/s173/202009/t20200924_490496. html.

（七）大连工业大学①

根据学生劳动教育计划，着重围绕学生的生活和学习两方面开展义务劳动，学生需每周进行一次宿舍卫生清扫劳动和教室卫生清扫劳动。

（八）浙江农林大学②

劳动课被设置为全体学生的必修课，使用锄头等工具更是当时农林学子必须掌握的技能。和一般学生相比，涉农高校的学生不仅需要学习高精尖的技术，更需要了解耕种节气、农作技能，培养对农业的情怀。深入农村，与农民同吃同住同劳动。如今，浙江农林大学的劳动课正逐渐成为"三全育人"思政课：从各种"支农"劳动，到野外教学实习。

从收集到的资料可见，目前大部分高校的劳动教育形式具有以下特征：（1）课程加实践，双管齐下，在课堂上用理论知识武装学生头脑，赋予学生理论指导实践的能力，丰富多彩的课外实践也让学生充分锻炼了自己的劳动能力，并进一步加深了对劳动教育理论的理解。（2）线上线下相结合，积极借助互联网、物联网、慕课等新型教学工具，充分整合利用资源，调动学生学习积极性。（3）加深与其他课程的融合，进行跨学科设计。

思考题

1. 劳动与劳动教育的区别是什么？
2. 高校劳动教育与其他阶段劳动教育异同点何在？
3. 概述高校劳动教育内涵。
4. 概述我国高校劳动教育实践的演进过程。
5. 概述我国高校劳动教育的一般形式。
6. 你认为高校劳动教育可如何创新改进？

---

① 学校开展劳动教育相关活动［EB/OL］.（2019 – 03 – 27）. http：//www.dlpu.edu.cn/detail/1/28d7e5fe54dfee796a63a85e38377139.html.

② 一堂田间地头的思政课浙江农林大学强化劳动教育培养知农爱农的生力军［EB/OL］.（2021 – 03 – 26）. https：//www.eol.cn/zhejiang/zhejiang_news/202103/t20210326_2089390.shtml.

第二章

国外"乡村振兴"做法简介

第一节 美国的"郊区建设"

一、美国"郊区建设"的概况和特点

（一）美国"郊区建设"的现状

在美国高度城市化、工业化的进程中，城市与乡村之间的矛盾逐渐呈现，特别是从 20 世纪 20 年代开始，城市规模的膨胀，使得城市人口数量急剧上涨，同时，城市的生存压力变大，国家的城市与农村的发展进程都因此而受到制约。为解决统筹城乡共同发展问题，美国出台了"郊区建设"政策，目的是加强农村建设，采取的办法是以城市建设带动乡村建设，以发达的工业技术弥补农业上的技术落后，多年的"郊区建设"实施，使美国解决了统筹城乡共同发展的问题，顺利实现城乡一体化发展。

随着"郊区建设"相关政策的出台，区域建设开始倾向于乡村，美国郊区人数逐渐增长，直到 20 世纪 70 年代，出现前所未有的郊区人口数量大于城市人口数量，"郊区建设"在美国的发展中有着重要的作用，农村也在这一发展进程中成为发展的重心。

整体来看，美国城市仍在迅速扩张。从美国城市发达地区的面积可以看出，自 1950 年到现在，美国城市每年逐步扩大，扩张速度在 1970 年左右达到顶峰，然而，美国城市之间增长模式存在着差异，例如旧金山湾区自 1950 年以来郊区城市化发展强劲，到 1970 年建设速度开始放缓，21 世纪初美国郊区建设几乎停滞，最近一项将农田并入旧金山南缘郊区的提议被认为过时。

（二）美国"郊区建设"的特点

美国"郊区化"的特点有很多，其中包括以下三点。

1. 按照城市交通技术条件的变化和由此导致的郊区发展的不同特点，美国的郊区化发展时期可以分为近代和现代两个时期。美国近代郊区化以有轨交通为主要技术条

件，发展速度相对缓慢，以近郊的发展为主。而现代郊区化的主要技术条件是汽车和公路的发展，发展进程突飞猛进，以远郊的发展为主。

2. 现代城市的郊区化及其原因。"二战"以来，美国城市人口以空前的速度向郊区转移，到 20 世纪 70 年代郊区人口已经分别超过了中心城和乡村人口。

3. 美国现代城市的郊区化经历了波动式加速发展、爆炸式发展、后郊区化三个阶段。

二、美国"郊区建设"的主要做法

(一) 美国"郊区建设"案例

"郊区建设"是在美国政府主导下发展的，而且发展速度非常快，美国政府针对美国郊区的发展，出台并实际落实了一系列有实效性的政策推动着郊区的发展，主要有以下几点。

1. 政府出台了针对公路建设大力援助的政策。美国的工业化程度十分发达，人们的生活因此而十分便利，每年美国政府都会出资着重完善公共道路等基础设施，将城市和乡村紧密相连，运输便利，出行顺畅，交通事业的发达是美国"郊区建设"能够成功的一个重要因素。

2. 政府推出郊区住宅的优惠政策。在城市问题日渐严重的情况下，人们怀念起郊区舒适的生活环境。同时期，美国政府及时推出郊区住宅购买的优惠政策，实惠的住宅价格，以及政府的资金援助、贷款政策，吸引了越来越多的人回归乡村，在郊区安居乐业，留守乡村。

3. 郊区的公共基础设施完备齐全。要让人们留守乡村郊区，政府就要重视人们的生活舒适与便利，公园、超市、水电化、医疗、教育等配套的公共基础设施建设是美国政府极其重视的方面，通过每年的大量财政投入完善郊区的公共基础设施建设。合理保障美国郊区娱乐、教育、医疗、文化等公共设施的建设，并且逐渐对建设进行美化，让基础设施独具乡村特色，居民享受到足以和大城市媲美的公共设施条件。①

4. 建立了系统完善的农业保护政策体系。美国是世界上经济较发达的资本主义国家之一，其自身的农业发展远远不及其他行业的发展，农业为国家带来的利益也远远不及其他行业，但是美国始终将农业放在第一产业的位置，政府大力支持农业的发展，视其为基础产业。美国通过发达行业带动农业生产，其发达的工业和第三产业所获得的利益，以及美国各种高新科技的广泛使用，让美国有足够的财力、能力、技术对农业进行全方位的升级和保护。"郊区建设"进程中，美国政府逐渐建立起科学、系统、

---

① 肖依. 城乡统筹发展中的农村建设：国外经验与启示 [D]. 武汉：华中师范大学，2011.

完善的农业保护政策体系，对农业进行各方面的资金、技术的支持和投入，让农民省时省力，提高农业的生产率，推动农业现代化，让郊区农民能够依靠农业丰衣足食。而农业的保护政策体系具体表现在以下方面。

（1）大力加强高新科技对农业发展的支持。通过科技力量对农业进行的支持，不仅让农民省时省力，还提高了生产率。农业的科技贡献率在美国高达70%。科技力量与农业相结合，美国的农业广泛应用电脑控制各种拖拉机、全球定位系统以及其他机器设备，极大限度地减少了农民的工作量，使农业实现自动化，一个农民就可以种植约3000英亩的田地。

除了发达的农业自动化以外，美国还实现了农业的高度信息化，使美国的农业可以和世界最新的农业信息相连接，及时收到最新最全的农业信息，及时对农业的耕种、出口进行调整。总之，农民数量仅占人口数量1.8%的美国，通过高科技加持下的现代化农业，不仅孕育了美国三亿多人的总人口，还成为世界上规模较大、实力较强的农业出口国之一。

（2）政府对农业科技化的各种补贴政策。高科技对农业的投入，导致农业的成本大幅度增加，为了让农业实现科技化和现代化，以及让农民在过渡阶段依旧有可观收入，美国政府给予农业各种补贴和优惠政策，如降低农业税收、对农产品售卖价格补差价、积极为农民开拓国际市场等。在美国一个普通的郊区农民家庭中，他们有1/4的收入实际是来自政府的政策补贴。总之，政府对农业科技化的各种补贴援助，帮助美国的"郊区建设"平稳度过了农业现代化的关键期。

（3）政府对农民职业技术教育的重视。美国政府除了以高新科技和资金补贴对"郊区建设"中的农业进行支持外，还非常重视对农民职业技术教育的培训，注重激发农民自身的主动性，让他们成为辛勤劳动的农民。同时，美国农业的科技化以及信息化程度高，也需要美国农民提升自身的知识与素质，才有能力掌握相应的农业技术。由此，美国政府通过推出政策和推广完备的农业技术体系、开办农民技术推广培训班、建立农业技术推广中心等措施，对农民开展职业技术教育，帮助美国农民掌握农业知识和相关技能。再者，美国大学中的农学院负责研究新的农业技术，而研发的农业技术由大学联合地方政府共同对郊区农民进行大范围的推广，同时也负责对农民进行农业新技术的培训。[①]

总之，美国的"郊区建设"在以上政策的推动下，取得了巨大的成效，成功统筹城乡共同发展，解决了城乡之间的大量矛盾。

（二）美国"郊区建设"对产业发展的作用

美国郊区化对产业发展的影响是多方面的，以下是一些可能的影响。

---

① 徐和平. 郊区化和逆城市化下的美国乡村发展与振兴 [J]. 中国名城，2019（10）：13 – 19.

1. 人口分布不均。随着城市化的加速，美国的人口分布越来越不均，城市中心地区的人口密度越来越高，而郊区和乡村地区的人口密度则相对较低。

2. 环境问题。郊区化过程中，城市和乡村之间的环境差异逐渐消失，城市的污染问题也逐渐向郊区转移。同时，由于汽车数量的增加，交通拥堵、空气污染等问题也随之而来。

3. 社区问题。郊区化过程中，社区变得越来越大，社区之间的联系也越来越少。这可能导致社区内部的社会联系减少，同时也可能导致社区内部的社会问题增加。

三、美国推进"郊区建设"带给我们的启示

美国通过推进"郊区建设"统筹城乡发展、解决城乡矛盾，这一政策在美国取得巨大的成就，由此，我们能从美国推进"郊区建设"、统筹城乡发展的进程中获得一些启示，例如，美国政府在"郊区建设"过程中，重点关注通过交通运输以连接城乡两地、推出郊区住宅的优惠政策来让人们有能力在郊区购买住宅、大力加强对农村的基础设施建设，以及对农业的技术、资金、教育等多方面的投入，让郊区农民在衣食住行以及工作等各个方面都有所保障，农业的现代化和郊区基础设施的建设使农村经济实现了可持续发展，经济实力足以媲美城市却又保留了乡村的舒适和田园风光。通过这些政策与措施，全面照顾到美国农民、农业、郊区农村的发展，缩小了城乡间经济和生活环境上的差距，一步步帮助美国实现城乡一体化发展。

第二节 英国的"农村中心村"建设

一、英国"农村中心村"建设的概况和特点

18 世纪 60 年代，英国开启了第一次工业革命，由此加速推进了英国城市化与工业化的进程。城市化的推进，使城镇人口剧增，到 19 世纪，城镇人口已经占全国总人口的 33%，到 20 世纪，英国的城市化程度已经达到 90% 以上。但在城市化进程中，城市涌入人口过多，也引发了一系列社会矛盾与问题，也就是所谓的"城市病"。同时，城市化的快速推进，使得城乡之间各方面的差距不断被拉大。"二战"结束以后，英国加速推进了国家城市化、工业化、现代化的发展进程，大量的农村人口涌向城市，农村人口急剧下降，英国农村建设基本处于停滞状态。后来，英国政府开始重视农村地区人口凋零、发展缓慢的问题，才给英国的农村带来了变化。

在上述背景下，从 20 世纪 50 年代开始，英国政府出台一系列的乡村发展规划，

建设起"农村中心村",着力把农村和城市相结合,由此展开英国城市、乡村一体化发展的大规模发展运动。

"中心村"的建设是为了提高农村人口数量、缓解城乡之间的矛盾、促进农村基础设施建设的进程,从而发挥农村的经济作用,减少城乡间的差距。由此,英国政府出台了一整套关于建设"中心村"的政策规划,目的在于将部分人口及其居住、就业、教育以及相应的服务设施和基础设施从城市转移向"中心村",英国的大量"中心村"也得益于该政策规划广泛地发展起来。直到 20 世纪 70 年代中期,"农村中心村"发展逐渐单一化、框架化,体现在农村的政治、经济、文化等方面的发展单一化,从而出现了一系列的乡村问题。后来,针对出现的问题,英国政府开始将过去"中心村"单一性高的大规模发展模式调整为发展独立性更高的"中心村"结构发展模式。发展模式改变以后,英国的"中心村"不再需要按照过去统一的发展框架模式去建设,从而表现为单一化,各"中心村"可以按照当地的特色、情况和民众的风俗、需求去独立建设与发展。英国"中心村"的建设,正是一种将城市与农村相结合发展的新构想,是避免城市化速度过快过猛而忽略乡村发展的新构想,英国政府着重建设一个个"中心村",同时也是建立了一座座欣欣向荣的城市"花园",是英国政府统筹城乡发展的思想与具体实践。

(一)英国"农村中心村"的现状

英国的"农村中心村"建设是指在乡村地区建立一些小型社区,以便于当地居民的生活和社交。这些社区通常由一些公共设施和服务组成,如小学、医院、商店、酒吧等。英国政府通过出台农村白皮书、农村战略等纲领性文件,推动乡村地区在就业服务、福利保障、医疗服务、法律服务等多方面发展,以改变农村地区较为落后的现状。

(二)英国"农村中心村"的特点

英国"农村中心村"的特点包括以下几点。

1. 社区规模小,以小型社区为主。英国"农村中心村"的社区规模小,以小型社区为主。这种模式的优点是社区内部的社会联系比较紧密,社区内部的社交活动比较多。例如,英国北约克郡的一个名为"The Green"的农村中心村,由 10 个小型社区组成,每个社区都有自己的商店、酒吧、学校等设施。

2. 社区设施和服务齐全。英国乡村地区的社区设施和服务比较完善,例如,上面提到的名为"The Green"的农村中心村,在组成它的 10 个小型社区中每个社区都有自己的商店、酒吧、学校等设施。此外,英国政府通过出台农村白皮书、农村战略等纲领性文件,推进乡村地区在就业服务、福利保障、医疗服务、法律服务等多方面发展，以改变农村地区较为落后的现状。

3. 社区内部的社会联系比较紧密。"农村中心村"的发展依赖于当地居民的积极参与和合作。村民共同决策和管理社区事务，推动社区发展项目的实施。通过加强村民之间的互动与合作，增强社区凝聚力和归属感。克兰伯恩村位于多塞特郡，是一个历史悠久的中心村。该村庄以强烈的社区精神著称，当地居民通过各种社区活动和项目积极参与村庄管理，如定期的村民会议和慈善活动。村庄的一个重要项目是"社区农场"，居民们共同种植作物并分享农产品，增强了社区的凝聚力和自给自足能力。

4. 注重保护村内文化与遗产。"农村中心村"通常有着丰富的历史和文化遗产，英国在开发这些中心村时特别注重文化遗产的保护与传承。通过修复历史建筑、举办文化活动、发展文化旅游，增强当地文化认同感，并将其转化为经济增长点。克兰伯恩村历史悠久，有着丰富的文化遗产。村庄的教堂和古老的木屋被精心维护，吸引了许多历史爱好者和游客。村庄还定期举办传统节庆活动，如年度的村庄集市，展示当地的手工艺品和农产品，这不仅有利于保护传统文化，也促进了旅游业的发展。

二、英国"农村中心村"的做法及效果

（一）英国"农村中心村"建设的主要做法

英国建设"农村中心村"，是基于国家的城市化发展速度过快，是为了减少城乡矛盾，协调农村发展中出现的问题，统筹城乡共同发展。英国"农村中心村"主要做法有以下几点。

1. 建立了世界上第一个完整、系统的城乡规划体系。在该体系下，英国于1948年颁布了《城乡规划法案》，该法案规定了英国完整的框架发展模式必须由中央、地区、地方三级共同组成。其中，城乡的统一规划由中央集中负责，但又重视民众的参与度，按照规划法案进行地区民主决策。《城乡规划法案》的颁布和落实，表明英国希望通过立法处理好城乡矛盾。后来，英国城乡发展规划体系的有序实施也离不开《城乡规划法案》和其他立法的保障。

总之，英国提出并建立了第一个城乡发展规划体系，首创通过立法保障城乡发展规划体系的创造性做法，无论是理论还是实践，都是值得后来各国学习效仿的。

2. 注重保护农村文化特色。英国人认为，他们居住的田园乡村是生产农作物的地方，同时也是农村文化特色所在的地方，自然景观优美，可供人们在繁忙的劳动中休闲娱乐，深深地吸引着城市与外国的旅行者。但工业革命爆发之后，英国的农村环境受到巨大的威胁，英国政府在这期间也及时关注到需要保护农村文化特色。例如，英国政府在1949年制定了《国家公园和享用乡村法》，开始以法律来保护农村的文化特色，如老教堂、老房子、纪念馆等。此外，能够吸引游客的一些独具地方特色的自然

风光和农产品、乡村节日及其风俗节目，都是英国政府立法重点支持和保护的项目。而为了号召和鼓励民众共同努力保护农村文化特色，英国政府还设立了很多乡村协会。

同时，英国还有许多自发的民间组织参与共同保护，如已经有八十多年历史的乡村保护协会就是其中一个，与英国政府的强制性保护相比，这些民间组织的举动就完全是自发性的。

3. 重视乡村农业和农民的发展。当时英国的工业化程度与同时期的其他国家相比要高出很多，是当时的世界性工业强国。但是，和美国一样，英国并没有因此而轻视农业和农民的发展。英国投入资金提高和完善农业基础设施建设，由此提高生产力，政府还对农产品价格给予适当差价补贴，对外地进口的农产品实行严格的关税政策，减少进口农产品等，极力保护农业发展和农民的生存。英国农业都是全机械化的，要使用这些机械进行耕种，英国的农民必须掌握足够的知识和相应的技术，还需要持有相应的专业证书。同时，英国农民的生活受到国家最低工资标准的保障，这都是由法律规定的。总之，英国农民的权益、利益受到英国法律保护，而且生活稳定，农民更有理由留守在农村。

4. 注重保护环境并且给予适当补贴，即农民在自己的土地上耕种，如果能对土地和环境进行保护，在获得丰收的同时，还会因保护环境而获得政府的奖励。该政策既能增加农民财富，又能让英国农民主动地保护环境，实现了农村环境和经济的可持续发展，避免发生以环境换取一时利益的悲剧。[①]

（二）英国"农村中心村"成效

英国"农村中心村"建设是指在英国的农村地区，以一个小城镇为中心，通过政府投资和社会资本的参与，建设起一个集居住、商业、公共服务等多种功能于一体的小城镇。这种模式在英国已经得到了广泛的应用，并且取得了一定的成效。

具体来说，英国"农村中心村"建设取得的成效主要体现在以下几个方面：首先，它可以提高当地居民的生活质量；其次，它可以促进当地经济的发展；最后，它还可以改善当地的社会环境。

（三）英国"农村中心村"的社会反响

英国"农村中心村"建设在社会上得到了广泛的认可和支持。一方面，它可以提高当地居民的生活质量，改善他们的居住环境；另一方面，它可以促进当地经济的发展，创造更多的就业机会。此外，它还可以改善当地的社会环境，增强社区凝聚力。不过，也有一些人对英国"农村中心村"建设持有不同的看法。他们认为，这种模式

---

① 肖依. 城乡统筹发展中的农村建设：国外经验与启示 [D]. 武汉：华中师范大学，2011.

可能会导致当地文化的消失，并且可能会加剧城乡之间的差距。

三、英国"农村中心村"建设带给我们的启示

英国通过"农村中心村"的建设减少城乡矛盾，协调乡村发展中出现的问题，统筹城乡共同发展。这一举措在英国取得巨大的成效，由此，我们能从英国推进"农村中心村"的进程中获得一些特别启示，列示如下。

1. 通过立法保障城乡发展规划体系的创造性做法以及后续的城乡发展；
2. 政府可以组织各地方的乡村协会、引导大众自发组织形成乡村保护组织，提高大众的自觉性，共同保护乡村文化特色；
3. 需通过各种方式如法律、补贴等保护农民的权益和利益；
4. 政府可激发居民对当地环境的保护的内驱力。[①]

第三节 法国的"乡村振兴计划"

一、法国"乡村振兴计划"的概况和特点

"二战"结束以后，法国针对国内农业生产力低下、农村生存环境恶劣、农民就业困难等问题，为振兴城乡经济，开启快速城市化与农村振兴进程。1946～1975年，法国的任务重心是打基础、强农业、兴产业；到了20世纪80～90年代，经过此前30年的努力，法国农村经济衰落问题得到了缓解，农村人口数量逐渐增多，该阶段的任务重点是振兴薄弱乡村；而21世纪以来，法国政府连着实施三个七年期的乡村发展计划，协调农村发展中出现的问题，统筹城乡有序发展。以下部分着重阐述20世纪80～90年代以及21世纪以来，法国"乡村振兴计划"的做法以及启示。

二、法国"乡村振兴计划"的主要做法

法国"乡村振兴计划"，是基于国家城乡经济和人口数量差距过大，为了平衡两者差距，协调农村发展中出现的问题，统筹城乡有序发展的发展规划。法国"乡村振兴计划"可分为两个阶段，而主要做法分别有以下几个方面。

① 廖四顺. 乡村振兴视域下英国乡村旅游发展经验及启示 [J]. 对外经贸, 2019 (5)：67-70.

(一) 20 世纪 80~90 年代：振兴薄弱乡村阶段

1. 法国政府专门设立乡村振兴区。法国于 1983 年颁布了《市镇联合发展与规划宪章》，依法大力整改农村公共基础设施，如医疗、教育、公共交通、水电等，目的在于切实提升农村居民的生活环境和生活质量；1995 年，出台《地区整治与发展引导法》，规定了优先发展的农村地区，在划定的地区内，满足规定的标准即可列为乡村振兴区，该项目一直沿用到今天，仅是标准有所调整。

2. 政府出台一系列乡村振兴方面的政策。一是努力完善农村公共基础设施建设和提升公共服务质量，从而改善农民的生活环境和品质；二是推出多样化的住宅供给，满足农村居民的不同购买需求；三是推动第二、第三产业加速发展，以提供足够的就业岗位给当地民众，同时，着重向乡村企业提供资金补助；四是为实现同区域内的城市、乡村统筹发展，组建共同利益的市镇联合体；五是合理、科学开发、开采当地资源，保护农村文化特色和自然资源，大力发展农村旅游事业。

3. 鼓励农村工商业发展。法国于 1988 年实施了"贸易和手工艺重组业务计划"，政府开展各种培训，增加就业岗位，很大程度地活跃当地经济，例如，政府鼓励贸易商和工匠修复破损残旧的农村房屋；又鼓励和支持农村因地制宜，种植符合农村自身需要的农产品，发展不同程度的食品加工业和小型加工业。如果企业或者个人为农业地区、山区农村等落后地区作出贡献，政府还会为其颁发奖金，以资鼓励。

4. 建设最美乡村，开发与保护并重。法国于 1982 年成立"最美乡村协会"，入选的乡村需要满足两个条件：一是至少有 2 处受国家保护的文化遗址；二是村庄人口数量不能超过 2000 人。入选"最美乡村"的村庄可获得国家注册的商标，被打造成旅游胜地，通过各种官方地图，如米其林地图、旅游指南，以及各类权威的官方媒体进行宣传，吸引世界各地的游客。

5. 重新激活农村文化遗产，保护独特的文化特色。政府强调要着重保留农村原始风光，实施农村遗产保护计划，政府拨款提供维修补贴，重点修补和保护 5000 人以下城镇中的宗教建筑，以及富有历史人文气息的小作坊、水井等建筑物。

总之，在这一阶段，经济薄弱的法国乡村得到重点开发，经济和农村事业得到了振兴。在法国农村产业快速发展的同时，乡村文化特色遗产也得到了重点保护，农村环境变得更美，农民生活质量也得到显著提升。

(二) 21 世纪以来：发展卓越乡村

进入 21 世纪，法国政府制订乡村发展计划，实施卓越乡村项目。乡村振兴计划，由之前的"振兴薄弱乡村"转变为"发展卓越乡村"，乡村的发展思路由"补短"转变为"扬长",工作重心调整为加强城乡发展之间的联系,最大限度缩小经济与环境差距,寻求方法以促进乡村可持续发展。以下是该阶段的主要做法。

1. 在欧盟的乡村发展框架下,法国作为欧盟成员国之一,于 2000~2020 年接续实施了三个为期 7 年的乡村发展计划。每一个乡村发展计划均投入资金 150 亿欧元左右。第一个乡村发展计划即 2000~2006 年,法国政府规划 22 项乡村发展项目,包括安置青年农民、乡村农场投资、乡村职业技术培训、将退休年龄提前、乡村农产品加工与营销、农业环境保护等;第二个乡村发展计划即 2007~2013 年,法国政府规划 33 项乡村发展项目,其中着重加大了对青年农民的培训力度;第三个乡村发展计划即 2014~2020 年,乡村发展计划的重点在于发展农业现代化、着重提升食品质量、科学保护生物多样性、有效治理乡村水土流失等。

2. 实施"卓越乡村"项目,挖掘乡村发展优势。"卓越乡村"项目于 2005 年正式启动,包括乡村文化、旅游、服务业和科技、生态资源。其中,不超过 3 万人口且本身属于"乡村振兴区"的乡村或市镇可申请成为项目对象,成功获批后可获得政府 62 万欧元的资助。

3. 开启"明日小镇"项目,推动城乡均衡发展。该项目的实施是为了应对新冠疫情蔓延,经济、环境等因素所引发的巨大挑战,人口在 2 万人以下的市镇可成为项目对象,国家总投入高达 13 亿欧元左右。项目的内容由市镇负责研究与提出,计划为当前严峻的社会问题提出解决方案,例如人口老龄化、农村公共基础设施老化破损及不足、企业集体倒闭等。而为支持市镇成功实施"明日小镇"项目,法国政府为其建立专业的知识网络,以提供相关的专业知识和技术指导。①

三、法国"乡村振兴计划"带给我们的启示

法国的"乡村振兴计划"通过制定法律和各种项目的设立,多阶段有序地进行。如今法国的很多乡村早已是闻名世界的旅游胜地,景色宜人、生活舒适,"乡村振兴计划"在法国取得巨大的成就,由此,我们能从中获得一些启示。

1. "补短""扬长"发展相结合。法国在 20 世纪 90 年代实施"乡村振兴计划",是着重于补齐薄弱乡村的发展短板,21 世纪以后,政府开展"卓越乡村"项目,就是在精准发挥各乡村的特色优势、补齐乡村短板的同时,深度挖掘乡村的特色优势。

2. 推进乡村产业和功能多元化发展。众多法国乡村的产业模式从农业生产逐步转型成休闲旅游胜地、特色文化乡村,众多法国的城市居民和世界各地慕名而来的旅游观光者都涌进法国的乡村,选择在法国的乡村土地上居住和休憩,法国乡村的生产、

①　国家乡村振兴局. 法国乡村振兴的经验及启示[EB/OL]. (2021-10-11). http://fpb. nx. gov. cn/ztzl/ggtpcg1/202110/t20211011_3078299. html.

生态、休闲、观光、居住等功能日益多元化。

3. 强调保护乡村独特价值。乡村文化特色的建立来之不易，乡村旅游业更是国家收入的重要来源，乡村文化也是法国的一个品牌。因此，法国多年来陆续出台了多部法律，旨在重点保护乡村文化特色和自然生态环境，例如《国家公园法》《环境法》《可持续发展法》等。为促进法国乡村特色旅游事业发展，法国专门颁布并实施了《法国乡村发展实施条例》以及《乡村地区发展法》，着重保护乡村的原始建筑和生态风貌、保留和传承农耕文化。

4. 开发式振兴乡村产业。法国通过实践发现，农村的守护可以和产业开发同时进行，乡村的现代农业、工商业和旅游业等产业是可以在发展中相互融合的。首先，发展现代农业，可以为农产品打造品牌，将品质优良的本土农产品打造成闻名世界、富有竞争力的世界品牌，从而让消费者信任、渴望购买和享用，世界闻名的法国葡萄酒就是最好的例子；其次，打造最美乡村，通过文化遗产保护、标榜乡村历史和故事，将乡村旅游业和法国文化、历史相结合，打造出一批批"村庄美、文化兴"的乡村旅游景点；最后，给农村工商业的创业者提供资金补贴、贷款优惠和税收减免等资金援助，为农村工商业的发展提供有利环境。

5. 区分好乡村类型及发展路径。法国根据各村的人口密度、产业结构、就业结构、乡村地理条件、居民生活条件等，将所有乡村区分为三类：一是脆弱型乡村，经济和产业的活力严重不足，需要花费长时间进行农业恢复、改造、开发、转型，但存在部分该类乡村因其地理位置、气候条件和资源匮乏等因素而难以发展，导致持续衰退；二是城市型乡村，这类乡村在保持原有乡村特征的同时，开发和发展更多新兴产业，在发展过程中融入人口进行就业，在未来逐渐融入都市区；三是新型乡村，新型乡村在保留农业重要地位的前提下分为两部分，一部分主打乡村特色旅游业，而另一部分则发展乡村第三产业。①

第四节 日本的"造村运动"

一、日本"造村运动"的概况和特点

"二战"以后，日本的经济遭受巨大打击，政府迫切于城市的重建，着重于东京、神户、大阪等大城市的建设，城乡之间产生巨大的差距。20世纪50～60年代，日本大力发展工业，迫切实现工业现代化，数千万劳动力从农村来到大城市，从农业"脱

---

① 汪明煜，周应恒. 法国乡村发展经验及对中国乡村振兴的启示 [J]. 世界农业，2021 (4)：65-72.

身"投身于工业和非农业生产中。青壮年劳动力的转移,使中老年人和妇女在农村人口数量中的占比逐渐增大,农村人口凋零,城市人口密集,使得农村农业生产力大幅度下降。日本的"造村运动"也正是在这一时期,于农村中自发性地展开。[①]

二、日本"造村运动"的主要做法

(一)日本"造村运动"的案例

日本"造村运动"为的就是重新振兴农村事业和经济,缩小城乡两者差距。其主要做法有以下几点。

1. 着重开发农特产品,建立众多独具优势的产业基地。例如处于日本九州岛东部的大分县,大分县地貌复杂,全县林地面积占总面积的70%,基本没有较大的平原。大分县拥有独特的地理条件,也是一种独特的优势,这种优势让大分县这片土地上长出各种独具地方特色的农特产品,这也正是日本提出的"一村一品"运动。"一村一品"运动旨在因地制宜,寻求各种条件开发、振兴每一个地方的农特产品,"产地建设"和"培育名牌"是"一村一品"运动在开发、培育每一款农特产品时重点抓的两大环节,例如,说起"丰后牛产业基地",就能想起朝地町、九重町等;说起香菇产业基地,就能想到大田村、国见町等。这就是重点抓"产地建设"和"培育名牌"的农特产品效应。

2. 以1.5次产业为重点,增加产品的附加价值。1.5次产业,是指原材料本身为农业、林业、畜牧业、渔业产品及其加工品,再用这些原材料进行工业生产活动,从而使生产出来的农产品增加附加价值。乡村产业振兴的重中之重就在于发展好1.5次产业,仅仅是把原材料略做加工,难度较低,却能让一次产品增加可观的附加价值。与1.0次产业相比,1.5次产业具有下列几点优势:(1)生产专业化。农业规模狭小、分散不集中是传统日本农业的弊端,相反,1.5次产业则可根据市场上的需求,对大量的农产品进行大规模的专业化加工,加工结束后可以集中储运和售卖。(2)高效增值性。1.5次产业概括起来讲,具有投资成本低、生产周期短、利润高的优点,通过略微加工,提升产品价值,却能够满足消费者的各种需求。(3)满足消费者的最终需求。1.5次产业所生产的产品能直接满足消费者的生活所需,让消费者享受到了便利。(4)减少了原材料的浪费。1.5次产业的出现,使大量剩余的农作物和残次原料,如缺损的青瓜、长歪的蔬果可以通过加工而生产成别的产品,既保障了1.0次产品的质量,也减少了原材料的浪费。

---

① 冯勇,刘志颐,吴瑞成. 乡村振兴国际经验比较与启示——以日本、韩国、欧盟为例 [J]. 世界农业,2019 (1): 80 - 85, 98.

3. 日本"农协"在农业中的重要作用。首先，在农产品生产领域，从中央农协会到基层农协，都各自制订农村农业发展计划，针对农业生产和经营中的常见问题制定相应的解决办法，日本"农协"还负责指导农民实施。"农协"中的农业指导工作由近 2 万名从农业学校毕业的营农指导员担任，这些指导员都必须先取得国家认定资格，再由"农协"挑选雇用。"农协"营农指导员专门负责在农村指导生产技术、因地制宜的农业经营、栽培和饲养等，同时，还负责为农村引进农业生产资金和一些优良、稀有品种等。其次，在农产品的交易领域，"农协"的工作主要是系统地、透明地组织联合销售与购买，买卖均为大批量，由此在农产品销售市场获得有利价格，阻止中间商赚取农作物的差价。

4. 着重培养高素质的农业人才。"造村运动"旨在"造人"，通过设立各种农机技术培训班，培养出高素质的农业人才，人才数量的增多是乡村振兴的关键，特别是当地的新生力量，着重调动本地年轻人投身农业的积极性和主动性，培养他们的实践能力。

5. 制定合理的融资制度，推出农业低息贷款。日本"农协"负责制定合理、完善的融资制度，日本农协信用系统的年利率比普通银行的略高，而且农民贷款有优惠政策，吸引了众多农民在日本"农协"存款和贷款。

6. 重新振兴乡村文化传统。由于之前的农村人口锐减、农业不振，农村的各项文化传统也因而大幅减少。后来在农村经济复苏的过程中，村民重新思考文化价值，复兴了一系列农村传统文化活动。①

（二）日本"造村运动"的成效和经验

日本"造村运动"是指在 20 世纪 60 年代，日本政府为了推进农村现代化和乡村振兴而实施的一项计划。该计划的目标是通过改善农村基础设施、提高农民生活水平、发展特色产业等措施，促进乡村经济转型升级，实现城乡协调发展。

这项计划取得了显著成效。例如，2019 年，日本全国共有 4.5 万个村庄，其中有 3.5 万个村庄正在进行或已经完成了改造。

日本的新农村建设实施共经历了三个发展阶段，分别为第一阶段（1956～1966年）乡村振兴运动，第二阶段（1967～1978 年）"经济社会发展计划"实施，第三阶段（20 世纪 70 年代末～21 世纪初）"造町运动"。

在第一阶段，日本政府提出了"一村一品"的理念，即每个村庄都应该有自己的特色产品和产业。这一理念得到了广泛的支持和推广。

在第二阶段，日本政府开始实行"经济社会发展计划"，并将其作为推进乡村振

---

① 肖依. 城乡统筹发展中的农村建设：国外经验与启示［D］. 武汉：华中师范大学，2011.

兴的重要手段。该计划主要包括以下几个方面。

（1）加强基础设施建设，包括道路、桥梁、水利等。

（2）提高农民生活水平，包括改善住房条件、提高医疗保健水平等。

（3）发展特色产业，包括农业、林业、渔业等。

（4）加强环境保护工作。

在第三阶段，日本政府提出了"造町运动"，旨在通过城市化来推动乡村振兴。该计划主要包括以下几个方面。

（1）增加附加值：发展农产品加工产业，实现快速增值。

（2）发挥农协作用：农协指导统一标准、联合销售，提升农民市场话语权。

（3）完善金融体系：发展合作金融，提供低息贷款支持农民。

（4）注重人才培养：开展免费教育等服务，提升农村人才素质。

三、日本"造村运动"带给我们的启示

日本"造村运动"是一条十分适合"二战"后日本振兴乡村产业和经济的道路，我们能从中获得一些特别启示。

1. 确定政府职能定位。"造村运动"的拓展，并非强制性的政策活动。平松守彦在运动开展之际，造访了全县58个町村，目的就是直接和农民对话，将"造村运动"的理念传达给每一个居民：政府主要是引导群众进行振兴农村产业和经济的工作，但是不会干预农民自己对农村建设的想法和主动性，反而是鼓励农民有自己关于农村建设的想法，并通过他们自身的努力建设特色农村，做乡村的主人公。政府也不会直接提供资金补助，一是因为当时的国家经济并不允许投入过多的资金进行农村振兴，二是政府官员考虑到农民对资金的过度依赖，需要的资金可能会是一个"无底洞"，运动在中后期将难以进行。因此，政府多在农业技术指导培训、农产品市场开发等方面予以支持，技术指导让农民提高农业生产力，市场开发解决他们的出售压力，以此为农民提供服务。同时，政府成立了相关的农业研究中心，保障"造村运动"持续获得技术支持，同时，也有专门的研究人员努力研究如何提高农、林、牧、渔业生产率，农产品加工、运输、储存与营销方面的相关课题。[①]

2. 强化农民组织建设。日本"农协"从上往下的三级结构组织包括，1个中央联合会、47个县经济联合会和3574个基层农协，由三级"农协"构成一个完备的流通型服务平台，深入日本的每个村庄。"农协"的技术人员专业且热情，能积极主动地为各地农民提供农业生产资料和各种农业服务，从生产、包装、储存、运输、销售到

① 冯勇，刘志颐，吴瑞成. 乡村振兴国际经验比较与启示——以日本、韩国、欧盟为例 [J]. 世界农业，2019（1）：80–85，98.

培训和推广，都可以提供技术支撑。因此。日本农村 99% 以上的农户都自愿参加了"农协"组织。①

3. 对农民多元化的教育培训。日本政府在对农民进行培训教育的过程中，逐渐清楚认识到仅仅依靠政府的力量是难以完成乡村振兴的，而且单靠政府的力量，培训效率低下，政府必须寻求和鼓励其他力量的帮助与支持。于是，后来对日本农民进行教育培训的供给逐渐演变为主体多元化，其中包括高中及大学等农业院校、各地方各级农业科技教育培训中心、企业承办的各类培训机构和民间组织承办的培训机构以及各级农民协会等。多元化的培训主体可以互相交流、互相补充农业教学内容，为农民提供系统的、有层次的、重难易点分明的农民职业技术教育。而在中国，由于农民数量庞大，很难进行和普及专业的农民教育，面对这样的情况，政府可以借鉴日本的经验，以国家为主导和引领，结合多种主体共同对农民进行培训教育。②

4. 激发农民自主建村的意识。"造村运动"本身便是"由下而上"的，由地方自发性产生的乡村振兴运动。政府的力量和资金有限，只能在相关技术上为农民提供服务，政府只有激发农民建设自己乡村的热情、主动性和创造性，让农民正确意识到努力建设农村，做农村的主人，才能完成整个"造村运动"。农民的主动性和创造性是"造村运动"的真正推进动力。③

四、日本的劳动教育

日本劳动教育是一种新兴的教育理念，其目的在于提高劳动者的生产力和发展能力，促进社会经济发展。它在当今已经越来越受到人们的重视，其主要特点如下。

首先，日本劳动教育注重劳动者自身的发展。它旨在培养劳动者技能和素质，以实现劳动中国家的繁荣。使用各种形式的实践，如技能培训、职业技能补习课程和实习，以加强劳动者知识和技能的提升。

其次，日本劳动教育重视知识的更新和转化，以适应劳动者的需求，加强劳动者和企业之间的合作。除了定期举行技术培训之外，还会不断更新知识，进行专业培训，以满足不断变化的市场需求。此外，还为劳动者提供技术培训、职业技术补习课程和实习等形式的服务，以增强技术水平，提高整个行业的竞争力。

最后，日本劳动教育重视劳动者的素质和态度，包括能力优化和执行力，为劳动者提供优质的服务体验。它主要从两个方面进行：一是提高劳动者的知识和技能，使

---

①③ 肖依. 城乡统筹发展中的农村建设：国外经验与启示 [D]. 武汉：华中师范大学，2011.

② 邱春林. 国外乡村振兴经验及其对中国乡村振兴战略实施的启示——以亚洲的韩国、日本为例 [J]. 天津行政学院学报，2019，21（1）：81-88.

其能够更好地完成任务;二是培养正确的态度和行为,以促进劳动者与企业间可靠和有效的合作。

综上所述,日本劳动教育的主要特点为:注重劳动者自身发展;重视知识的更新和转化;重视劳动者素质和态度。日本劳动教育不仅有利于劳动者,还有利于社会经济的发展,间接推动服务体验的提高。因此,站在当下,应予以高度重视。劳动与技术教育是一项基本技能和品质素养,无论何时何地,都需要予以重视。"二战"后,日本就确立了智、德、体协调发展的教育方针,在1947年制定、2006年全面修订的《教育基本法》中对与劳动教育相关的内容进行规定,提出为了实现"完善人格"等教育目的,要完成"重视教育与职业和生活的关联,培养尊重劳动的态度"等教育目标。

如今,日本的劳动教育在幼儿园、小学、初中、高中、职业教育、高等教育阶段的课程方案中都有不同的规定,以不同的形式和途径开展劳动与技术教育,培养学生的劳动创造精神和实践动手能力,使他们形成正确的劳动观念和良好的劳动习惯。

幼儿园阶段体验劳动。幼儿园作为劳动教育的起点,其主要目标在于确保幼儿良好劳动习惯的养成,日本幼儿园劳动体验学习的活动形式主要有:以手工活动为主,利用幼儿自制玩具的活动,寓教于乐,让幼儿能够享受劳动过程,收获劳动喜悦;幼儿参与幼儿园环境创设过程,发挥幼儿想象力,释放劳动才艺;在幼儿园设置小苗圃,让幼儿亲自尝试从播种到收获的全过程等。

小学阶段开始独立劳动。日本小学开设生活和家庭课程,统称家政科。现行的《学习指导要领》中规定小学家政科的目标是"通过衣食住等相关的实践、体验性活动,教会学生日常生活中必要的基础知识和技能,同时加深对家庭生活的理解,培养努力过好生活以及实践的态度"。这一阶段的目标在于让学生了解家庭生活中的基本知识和技能。

在小学一、二年级开设生活课程,分别有102课时和105课时;在小学五、六年级开设家庭课程,分别有60课时和55课时。小学劳动教育相关课程的内容主要包括:了解当地居民生活习惯,通过具体活动理解社会和自然的关系,如查找并分析资料,解决实际问题等;五、六年级学生要了解动物饲养和植物种植知识,并尝试饲养动物和种植一些植物;生活与家政课程要与其他学科相联系,如国语、音乐和图画等学科,提高技术课程学习效率,并培养技术习惯和家庭概念。

初中阶段强化劳动技术。2008年颁布的《学习指导要领》中"技术·家庭"课程目标为,通过实践体验性的制作类学习活动,加深理解家庭的技能,培养使生活越过越好的能力和态度,侧重于技术和家庭的基本知识技能,技术、家庭与社会、生活的关系及正确对待技术和家庭的态度。2017年修订的《学习指导要领》中其目标则强调面向生活的技术能力品质,更关注自我认知和科学的认识,在此基础上培养解决生活问题的能力和技术思维。

日本"技术·家庭"课程主要围绕设计和制作展开，制作题材随着时代变化花样翻新，但其核心方法是设计法。设计法用以指导学生制订计划并进行实践，包括一系列的设计制作过程：构思设计、画草图、选择材料和工具等。这类方法的特点在于给予学生更多的主动性，通过对设计过程的体验，加深对事物的认识。而设计制作活动不仅在于对技能的掌握，同时也是一种具有创造性的活动。

高中阶段加强劳动教育。日本高中设立家庭技术、家庭综合、生活技术三门选修课。日本现行的《学习指导要领》规定高中阶段家政科的目的在于习得与家庭生活有关的产业方面的基础知识和技术，理解生活产业的社会性意义和作用，合理地解决生活产业中的各种问题。为了实现生活质量的提高和社会的发展，培养创造性能力和实践性态度，学生可根据自身兴趣爱好在三门课程中进行选修。至此可见，日本已形成小学、初中、高中贯通一致的劳动教育。

职业教育阶段重视职业技能训练。日本重视企业教育制度构建，鼓励企业发挥其优势开展有关职业训练与教育的活动。提高学生的实践课程比例，鼓励学生积极参加职业训练，充实其调研与技术操作，建立产学研融合体系，提升他们的实践能力与素质。此外，日本企业重视员工的劳动精神，职业院校也将职业精神作为教学重点内容。学校与企业的要求存在较大差异，学生难以在校园环境中感悟到职业精神的内涵。因此，教师应当具备较强的职业精神，从而为学生输入更为贴近劳动场景的知识。日本职业院校要求教师应当兼具教学能力与技术素养，能够进行"双师型"教学。基于这一理念，日本的职业院校将教师称为"职业训练辅导员"，在参与教学活动前，其必须要在企业内进行为期一年的实践劳动。日本明确要求"职业训练辅导员"必须同时具有技术专业和教育专业双学士学位。

高等教育阶段在合作中促进劳动教育。在高等教育阶段，日本教育与生产劳动相结合的表现形式主要是"产学官"合作制度，即产业界、学界和政府在教育与科研方面的合作及交流。日本的"产学官"合作形式是多种多样的，从合作层次和对象上来分，一种是高中阶段的产学合作，另一种是大学和大学附属研究所同民间企业的合作，政府从政策、制度、财政等方面予以支持。此阶段的劳动教育更多的是强调在"产学官"制度执行中充分发挥自我的劳动素养，在劳动中能够自己总结劳动经验、体悟劳动过程、完成劳动任务、养成劳动习惯、完善劳动人格等。

日本的劳动教育贯穿学校教育的各个方面。其主要方式是劳动体验学习，期望学生通过直接体验的方式感受劳动和创造的愉悦，从而形成正确的劳动观和职业观。在劳动教育活动的选择上，日本按不同年龄阶段提供不同的选择，重视学生自身的兴趣爱好，使得学生参与劳动教育的主动性较高，循序渐进、由表及里地培养学生的劳动素养。

日本劳动与技术教育的特色在于注重劳动与技术教育在道德教育层面的价值，看重劳动教育对人格培养的作用，不过多关注劳动与技术教育的经济效果。劳动教育要关照学生的人格成长，培养学生热爱劳动、以劳动为荣的劳动观。这种对劳动教育在道德教育层面的价值的重视，促使日本社会形成了崇尚劳动、尊重劳动者的社会风气。

第五节　韩国的“新农村运动”

一、韩国“新农村运动”的概况和特点

（一）韩国“新农村运动”的现状

韩国作为一个土地少、人口多的岛屿国家，自身资源匮乏、可供耕种的农地面积量小，20 世纪 70 年代以前，城乡收入差距巨大、乡村人民生活水平低。为了让国家科学发展，韩国自 20 世纪 70 年代就开始实施了“新农村运动”。在“新农村运动”的引导和实践下，韩国一改此前城乡收入差距悬殊、乡村生活基础设施落后、乡村人民生活水平低下的局面，快速推动了农业现代化的发展进程。“新农村运动”的实施让韩国开始进行城乡统筹发展，逐渐形成了富有韩国自身特色的农村现代化道路。[①]

（二）韩国“新农村运动”的特点

韩国“新农村运动”的目标是通过建设新的村庄和社区，提高农民的生活质量和收入水平，促进农村经济的发展。

早期的“新农村运动”旨在改变农村的落后面貌，起步于农村建设事业，是农民自主参与的农村现代化事业；但“新农村运动”并不限于农村，它是整个国家现代化运动的重要环节，是韩国经济社会崛起的原动力。例如，政府为全国所有农村每个村免费平均提供 300 袋水泥，并限制农户不得自行处理水泥，而要用于村里公共事业。地方政府为用好这些物资，设计了近 20 种建设项目，如修建桥梁、公共浴池、洗衣场所，修筑河堤，改善饮水条件和房屋，修建村级公路等。此外，“新农村运动”还注重环境保护。政府在建设新村庄时会考虑到当地环境和生态系统的影响，并采取措施保护它们。

---

① 冯勇，刘志颐，吴瑞成. 乡村振兴国际经验比较与启示——以日本、韩国、欧盟为例［J］. 世界农业，2019（1）：80 – 85，98.

二、韩国"新农村运动"的主要做法

（一）韩国"新农村运动"的做法

"新农村运动"是一次由韩国政府主导、由农民自主选择参与的全国性战略性运动，目的是有效调整城市与乡村间的经济结构。下面主要阐述"新农村运动"的主要做法。

1. 改善乡村环境，切实提高农民收入。在"新农村运动"开启前，韩国约有1450个乡镇，其中包括约33000个村庄，城乡差距巨大，农村居民居住环境极其恶劣、基础设施建设以及交通条件落后。为改变农村的贫困局面，在"新农村运动"开启的头几年里，其由政府主导。政府出资出力出政策，把工作重心聚焦在"改善农村环境，切实提高农民收入"的目标上，帮扶改善农村、农业和农民各方面的发展。"新农村运动"时期，国家的巨大资金投入，一开始是集中用于改善农民的生活环境，例如，运动初期，政府向每个村庄无偿派发一包包水泥，以供农民共同建造村里的基础设施，如政府提出的公路、桥梁、民房、自来用水、公共厕所、农村电气化等农村公共事业项目。农民接受了政府派发的免费物资后，积极性很高，为改善他们自身的生存环境，都迫不及待地投身到各种农村公共事业建设中。经过几年的不懈努力，韩国农村的基础设施和生活面貌都有所改善。在这之后，韩国政府继而提出了要改善农民的生活环境，主要做法为调整农业经济结构，为农民开辟纯农业以外的收入途径，切实提高农民收入。农村环境得到改善，农民的收入也显著提升，农民在政府的主导下，认识到改善自身生活条件的方法，更为积极主动地投身到农村的建设事业上，这是韩国"新农村运动"的起始阶段。

2. 激发农民自主建设新农村的主动性和创造性。在上一个阶段，政府作为"新农村运动"的主导力量，带领农民改善乡村环境，帮助农民提高收入。在完成既定目标后，韩国政府希望逐渐培养农民的自主建设意识，让农民自主建设属于自己的家园。因此，从1988年开始，韩国政府调整了"新农村运动"的许多政策，这都是为了激发农民发挥自主建设新农村的主动性和创造性。例如，韩国政府建立了众多拥有自主权利的民间组织，由民间组织承担各项激发农民主动性和创造性的责任，比如，为让村庄领导者和普通农民能够共同合作、辛勤劳作，民间组织需要对他们进行相关培训。民间组织还负责举办各种讲座报告，专门宣传先进农民和先进的农业技术，如出版杂志《新农村运动》，把这些技术经验积累起来，以供宣传与阅览。①

---

① 李盼杰. 韩国乡村振兴扶持政策的经验借鉴与启示 [J]. 华北理工大学学报（社会科学版），2021，21（1）：53 – 58.

同时,韩国还专门成立了"农协"组织,这些组织都是以农民为主体的。"农协"组织的职责在于宣传农业技术的网站建立,给农民培训、普及并使其掌握各种农业技术。而为了解决农产品的销售问题,韩国"农协"还创办了官方的销售网站,由此解决销路问题。在韩国,"农协"甚至还有银行,却没有"农业银行",农协银行数量众多,是韩国资金实力最雄厚的银行之一,可以为农民提供所需的资金和借贷优惠政策。

总之,韩国"农协"让农民学习和掌握了先进科学的农业技术,让他们有成为农村主人翁的信心与动力,也在无形中激发了他们自主建设新农村的主动性和创造性,"新农村运动"的推广在这一阶段越发顺利。

3. 提高农民道德水平,搞好农村文明建设。直到 1998 年,在"新农村运动"下,农村的生活条件迅速提高,农民收入水平增长至城市居民水平,城乡差距逐渐缩小。"新农村运动"的发展逐渐过渡到"提高农民道德水平,搞好农村文明建设"的深化阶段,在这个阶段不断提升乡村的人文建设。例如,韩国的乡村学校会向学生讲解"忠、孝、仁、义"的思想,在思想熏陶下,学生约束自己的行为,这有助于将学生培养成有道德的人。韩国政府着重在社会上营造一种让农民共同抵制违背道德之事的氛围,村民的行为因互相监督而受到约束,不会再作出越过社会道德的坏事,从而提升了道德修养。与此同时,韩国政府努力宣传民主和法治、国民伦理道德的相关知识,开展各种关于道德修养的讲座和活动,致力于农村的精神文明建设,以及农民的道德人文建设。[①]

"新农村运动"是韩国统筹城乡发展的有效举措,通过韩国"新农村运动"的发展与深化,韩国农村的环境得到了有效的改善,农民的物质层面和精神层面得到了很大的提升,城乡差距极大限度地缩小。

(二)韩国"新农村运动"的成效

韩国"新农村运动"是指在 20 世纪 60 年代,韩国政府为了推进农村现代化和乡村振兴而实施的一项计划。该计划的目标是通过改善农村基础设施、提高农民生活水平、发展特色产业等措施,促进乡村经济转型升级,实现城乡协调发展。这项计划取得了显著成效。例如,蓬勃发展的农村给韩国经济的增长带来了新的动力,在 1970 ~ 1987 年这十几年的时间中,韩国经济增幅名列世界第二。

三、韩国"新农村运动"带给我们的启示

韩国在推进"新农村运动"、统筹城乡发展的过程中带给我们的启示主要有以下几点。

---

① 肖依. 城乡统筹发展中的农村建设:国外经验与启示 [D]. 武汉:华中师范大学,2011.

1. 在运动的初期，在政府的主导下，投入资金和技术，以改善农村基本面貌，完善公共基础设施，切实提高农民收入。但政府并非对农村建设全包揽，没有让农民完全依赖政府，仅仅是提供了农村建设所需的物资和建设思路，把建设的主动权交回给农民，让农村在农民的努力下实现"从零到开始有"，让农民开始看到希望，迈出了农村现代化的第一步。

2. 在政府主导的前提下，挖掘各种方式激发农民自主建设新农村的主动性和创造性。韩国政府通过建设民间组织、"农协"组织，向农民提供技术培训和农业服务，逐渐培养乡村农民的自主建设意识，让农民开始自主构建属于自己的特色家园。

3. 政府非常注重农民的伦理道德建设，将精神文明建设提升到与物质文明建设同等的高度，积极加强农村的思想道德建设。例如，在"新农村运动"的开始之际，农村贫穷落后，资源匮乏，农业技术水平低，从精神方面到物质方面都难以开展振兴工作，韩国政府在提供资金、资源供农民重建家园的同时，在农村广泛地宣传一种"积极、勤劳、向上、合作、自强"的精神，改变农民的精神面貌，使其以勤劳积极的态度建设自己的乡村，做好自己的工作。韩国"新农村运动"的内涵在后期也上升到促进农村精神文明建设的新高度，农村的物质建设和精神文明建设相辅相成、共同发展。[1]

总之，韩国在 20 世纪 70 年代开启的"新农村运动"，让韩国走上了独具韩国特色的发展道路，韩国政府意识到只有实现农村现代化，才能真正实现国家现代化。在"新农村运动"实施多年后的今天，韩国的城市与乡村之间基本上不存在差别，"新农村运动"在亚洲范围甚至是全世界范围，都产生了积极的影响，以至于如今很多国家都效仿韩国的乡村振兴模式，"新农村运动"也可以称得上是乡村振兴、统筹城乡发展的一次成功范例。

---

① 李盼杰. 韩国乡村振兴扶持政策的经验借鉴与启示［J］. 华北理工大学学报（社会科学版），2021，21（1）：53－58.

第三章

新时代乡村振兴战略对大学生的要求

学习目标：

掌握新时代乡村振兴对大学生劳动教育提出的具体要求

重点难点：

1. 了解五大振兴的实践经验以及和大学生劳动教育相结合的路径方法
2. 掌握新时代乡村振兴对大学生核心素养的要求

第一节　五大振兴对大学生劳动教育的要求

参与乡村振兴是当代大学生应当承担的历史使命，并且随着乡村振兴进程的不断深化，大学生在助力乡村振兴中也将发挥越来越大的作用。大学生在乡村振兴中不仅需要服务乡村经济产业发展，在乡村人才振兴、文化振兴、生态振兴和组织振兴等方面也能够发挥重要作用。本教材深入探讨乡村振兴战略对大学生劳动教育的要求具有重要的时代价值和现实意义。

一、全面把握五大振兴的实践经验

党的十九大报告指出，产业兴旺、生态宜居、乡风文明、治理有效、生活富裕是实施乡村振兴的总要求。大学生劳动教育重在学以致用，要准确认识大学生劳动教育的基本要求，需要从产业振兴、人才振兴、文化振兴、生态振兴、组织振兴五个方面总结经验，进而深入了解大学生和乡村振兴的关系。

产业兴旺是乡村振兴的基础，也是进一步推进我国农村经济建设的首要任务。发展产业符合马克思主义基本原理，也是中国式现代化亟待解决的新问题。《乡村振兴战略规划（2018—2022 年）》指出，构建乡村产业体系重大工程主要涵盖以下几方面内容："电子商务进农村、农商互联、休闲农业和乡村旅游互联、农村一二三产业融合发展、发展农业循环经济、完善农产品加工研发体系"等。对于产业振兴，有以下几点实践经验。

一是在乡村振兴中，要始终牢记"科学技术是第一生产力"。在乡村发展的过程中，伴随着个体生产效率的提升。在以农业为主的乡村建设阶段，种植农作物或者养殖牲口需要花费大量的时间，以水稻为例，若采用传统的手工插秧，通常在 2~4 人共同工作的情况下，一亩地需要花费数天到十几天的时间；而机械化插秧在同等人数或者更少人数的情况下，只需要几小时到一天；在最新的精准插秧技术下甚至可以实现无人插秧。在科技进步的过程中，人力资源得以解放出来投入其他生产之中，为乡村整体经济水平提升创造客观条件。

二是在乡村振兴中，要注重产业发展的可持续性。就地取材、因地制宜地发展乡村产业，利用"互联网＋农产品"技术，走"一村一品一特色"产融结合路径，是目前乡村产业振兴的重要发展方式。在产业振兴中，要注重建立多元化的产业结构，使农业、农村非农业、文旅业、服务业等多个领域产业形成有机的协同发展，不断延伸上下游产业链，发展"互联网＋家庭农场""互联网＋文化创意""互联网＋民宿""基地＋康养休闲"等农村特色产业，既创造了多样的工作方式来吸引大学生加入乡村振兴的队伍中，也有效降低了单一产业波动的风险。

三是在乡村振兴中，要"集中力量办大事"，以点带面，促进某一特定领域的发展，从而推动整个乡村经济体系的发展。在乡村振兴的进程中，农村集体经济作为中国农村经济体制的重要组成部分，发挥了重要的作用，也是我国制度优势的重要体现。乡村振兴作为一个战略工程，政府、乡村、企业、社会都扮演着重要的角色，形成合力，从顶层到基层，制定明确的长期产业发展规划，才更加有利于推进乡村振兴工作。

人才振兴是乡村振兴的保障和关键。2018 年 6 月，习近平总书记在山东考察时强调，乡村振兴，人才是关键。要积极培养本土人才，鼓励外出能人返乡创业，鼓励大学生村官扎根基层，为乡村振兴提供人才保障。[1] 乡村能否振兴，说到底就是能否做好引才、育才工作。鼓励大学生去乡村发光发热，关键是打造能留得住人才的环境。研究表明，青年在乡村振兴中数量占比并不高，农村青年外流不断，青年回到农村发展不足，这是人才振兴面临的困境。虽然《中共中央 国务院关于实施乡村振兴战略的意见》指出要大力培育青年农业科学家、青年农民等。但也需要关注到，社会上对于农村的刻板印象仍然存在，"逃离农村""走出大山"等思想对于农村学子影响深远，同时由于青年长期在外学习，乡土意识日渐淡薄，在学业有成后，对比城市生活便捷、各方面保障制度健全，农村人居环境稍显落后，对青年群体吸引力不够。即使有部分青年愿意投入乡村振兴发展中，也可能因为社会资源较少，以及农村诸多现实性因素

---

① 习近平在山东考察［EB/OL］．（2018 – 06 – 14）．https：//www.gov.cn/xinwen/2018 – 06/14/content_5298781.htm.

的影响和制约，导致在乡村创业成功的案例不多，很多想到农村"干出一番天地"的青年也不得不对现实低头，表现出对农村"失望"的社会心态。乡村振兴在人才方面的实践经验告诉我们，参与乡村振兴的青年在农民群体中具有较强的学习能力、创新能力和执行能力，只要他们能够积极参与到我国乡村振兴进程中，势必可以促进我国乡村全方面发展。反之，如果青年缺席乡村振兴，则可能导致乡村振兴中的潜在力量不足。

文化振兴是乡村振兴的灵魂，也是习近平新时代中国特色社会主义思想在乡村振兴战略中的重要映射。回顾我国农村城镇化发展历程，增强乡村文化，重视乡村文化的保护和传承，对于应对城乡二元化带来的挑战具有积极作用。文明从来不是"大鱼吃小鱼"，而是"百花齐放"。对于乡村文化，要去粗取精，要不断将乡村优秀文化转化为对人才的吸引力。习近平总书记指出，乡村振兴，既要塑形，也要铸魂，要形成文明乡风、良好家风、淳朴民风，焕发文明新气象。① 《乡村振兴战略规划（2018—2022 年）》指出，盘活地方和民族特色文化资源，走特色化、差异化发展之路。对部分返乡青年的调查表明，文化振兴对于满足返乡青年精神需求、平衡生活和工作压力具有强大的吸引力。乡村的慢节奏和城市的快节奏形成鲜明对比，成为青年之所以返乡的重要原因，体现出在追求物质丰富的生活方式的同时，青年群体也越来越看重舒适、健康的工作和生活方式。文化振兴就是以乡土文化复兴树立价值标杆、用文化滋润人心、以文化为乡村振兴铸魂。村庄有了文化生活的滋养，才能真正聚集人才、产业，形成可持续健康发展的现代乡村生态。

生态振兴作为乡村振兴的基础，在促进大学生服务乡村中与文化振兴相辅相成。乡村特色有相当一部分来源于乡村的生态环境，对比城市，空气清新、自然环境优美是吸引青年留在乡村的重要因素之一。倡导生态振兴，一方面，避免乡村振兴走"先污染后治理"的老路，确保青年工作生活环境符合青年意愿，同城市生活差异化发展，确保各有千秋、各有所长。另一方面，要发挥农村以涉农产业为核心的优势，诸如葡萄酒庄、茶树、菠萝种植等特色鲜明的农产品，需要特定的生态环境。一旦地方生态遭到破坏，可能会引发连锁反应。

组织振兴是乡村振兴的条件，其实施方法主要是依靠党的建设巩固和加强村集体，并通过党建引领，进一步完善村委、村民小组会议、村民代表会议等村级政务。在组织振兴中，发挥青年群体作用已经成为一个普遍的经验。在招考选调村官、选派大学生村官和村两委换届中确保至少有一名 35 岁以下的成员等措施已成为各地支持青年参与乡村组织振兴的普遍做法。发挥青年在乡村组织建设中作用一方面能够同当前农村存在的一些不良风气作斗争，另一方面也重塑了青年在乡村的话语权，鼓励青年为村

---

① 习近平著作选读（第二卷）［M］. 北京：人民出版社，2023.

级事务建言献策，乡村也充分尊重青年的意见，进而意识到青年在乡村振兴中的作用，从某种程度上也可以避免返乡青年因缺少乡村支持而事业受挫。在组织振兴实践中的另外一个经验是提升农村基层治理水平是乡村振兴的基础和重要目标。提升农村基层治理水平，对推进农村经济、社会、文化、生态建设，全面实现乡村振兴目标具有重要的现实意义。推进基层治理的现代化，让党组织引领基层治理，才能将党的政治优势、组织优势、群众工作优势，转化为基层治理凝聚人心、带动群众、吸引更多青年参与到乡村振兴的优势。

二、紧密结合劳动教育与五大振兴

乡村振兴战略是习近平新时代中国特色社会主义思想的重要组成部分，对实现中华民族伟大复兴的中国梦具有深远意义，同样也是青年需要面对的时代新命题。要做好答卷人，先应该审好题，掌握好答题应该具备的知识，这也正是乡村振兴对大学生劳动教育提出的要求。五大振兴作为实施乡村振兴战略的根本遵循和行动指南，对于大学生劳动教育也有具体的要求。

（一）鼓励大学生参与乡村振兴，要求在大学生劳动教育中植入乡村振兴内容

在大学生劳动教育中植入五大振兴内容，让更多青年群体了解乡村，培养"一懂两爱"（懂农业，爱农村、爱农民）的社会主义合格建设者和接班人，是劳动教育同乡村振兴结合的一个重要方面。我国主流媒体对青年参与乡村振兴的宣传力度并不高，青年对乡村振兴政策和进展了解不够，也意识不到乡村振兴所带来的重大机遇。在教育行业，未能形成鼓励青年下基层的舆论导向，劳动教育中缺少增强青年对乡村振兴的价值认同教育。这是大学生劳动教育同乡村振兴融合的着力点之一。在高校中开展乡村劳动教育，其实就是在处于人生观、价值观初步形成时的大学生群体中播下热爱"三农"和从事乡村建设事业的种子。

通过对乡村情况和"三农"政策的了解，大学生才能愈加感受到党的领导的重要性，乡村的价值才能重新被青年群体所审视，乡村所提供的安全食品、生态屏障和发展空间才能被青年群体所重视，才能使其认识到乡村振兴战略关乎国家经济发展、社会稳定和党的执政根基，进一步激发青年"建设新农村大有可为"的内生动力，鼓励青年将自身发展和国家未来紧密结合在一起，培养"吃苦在前、享乐在后"的苦乐观和"敢挑重担、奋勇争先"的事业观。

（二）鼓励大学生参与乡村振兴，要求培养拥有宽口径的知识储备的大学生团队

结合五大振兴开展大学生劳动教育，需要发挥校地合作、校企合作作用，因地制

宜，防止乡村需求的岗位与大学生自身专业关系不大、匹配度不高导致乡村对大学生吸引力不足。同时，对大学生个人，也需要加强多元化知识输入，提升个人综合能力，培养能胜任技能型、服务型、基础型岗位的全面发展人才。多数农村地区产业发展缺乏复合型人才，特别是懂技术、会经营、善管理、懂市场的创业型人才。目前我国的农业劳动生产率虽然有所上升，但是由于农村人口的流失，农业劳动力成本和农产品生产成本持续提高，进而降低了我国农业竞争力，导致农民收入增长势头减缓，亟须通过发挥规模效益、推动科技进步、做好基础设施等来摊薄生产成本，提升农村工作收入。同时，随着新技术、新业态向乡村的渗透，乡村发展面临难得的"窗口期"，农机装备转型升级、高标准农田建设工程、现代种业技术需要大学生涉农专业的支持；现代信息技术、科技兴农、"互联网＋"等乡村振兴项目需要信息、计算机等工科专业大学生参与；区域化布局、规模化经营、标准化生产、社会化服务、品牌化营销需要大量的经管类专业大学生参与。可以说，在现有情况下，产业振兴对大学生有专业的要求，但这个要求又是多元的。在乡村设置的岗位往往需要一专多能，大学生在参与乡村振兴时，既需要运用从高校带来先进的技术，也需要了解一定的管理理念、经营模式。同时产业振兴也要求大学生要在劳动教育中学习创新创业知识，以便在"大众创业、万众创新"的号角之下，把握机遇、发掘潜力、积极行动，利用好乡村的广阔平台，为乡村产业振兴提供青年的智力支持和技术指导。乡村振兴作为全方位的战略工程，不仅需要农学专业技术人员的参与，还需要在农村创造服务业、旅游业、物流、运输、数字经济等有吸引力的就业和投资机会，鼓励青年在特色小镇、电商产业、智能农业等领域施展自身的才华，同时也有助于改善乡村生存环境和硬件设施。在这种要求之下，大学生团队作战，以项目团队方式赴乡村创业或者就业具有相当的优势。

（三）鼓励大学生参与乡村振兴，要求大学生劳动教育同社会实践紧密结合

青年大学生是乡村产业振兴当之无愧的行动者。在大学生劳动教育中，已经涵盖了一些与乡村具体实际情况紧密结合的社会实践内容。例如，各大院校学工部、团委组织的大中专学生志愿者暑期文化科技卫生"三下乡"社会实践活动已基本实现常态化开展；从1996年开始实施的新时期上山下乡工程组织高校毕业生、知识青年、公务员等前往农村地区开展工作，如在农村学校任教、参与农田水利工程、处理乡政府事务等；关注乡村社会发展和大学生成长的"三农"类社团定期赴乡村开展调研活动；组织学生赴乡村开展志愿服务，在乡村环境整治、文明创建、古村保护等方面，越来越多的农村青年加入了志愿服务行列。

在实践中树立大学生自力更生、奋发图强、投身改革的意识；在实践中帮助大学生认识到农民的淳朴和群众的力量。通过实践，帮助大学生正确认识乡村的现状和面临的机遇，引导好、服务好、保护好大学生投身乡村振兴的积极性。通过实践，真正让返乡大学生获得满足感，并由劳动满足感激发出快乐的情绪，体会到乡村田园风光、传统文化和悠闲的生活情趣带来的趣味，以极高的热情投身于乡村振兴之中。

【拓展阅读】

北京梁漱溟乡村建设中心①

走进梁漱溟乡村建设中心（以下简称乡建中心）设在中国人民大学乡村建设中心的办公室里，可以看到桌子上散落着好几本红色小书。在他们眼里，这就像当年知青下乡时怀揣的"红宝书"。乡建中心编订了一系列的支农"红宝书"，如《大学生支农手册》《社团建设与城市支农》《下乡全过程》《下乡歌曲集》等。学员下乡时，人手一本，用眼去看一个巨大社会变迁下的中国农村社会，还有生活在那里的农民以及他们的辛劳。

梁漱溟乡村建设中心于2001年底就开始为中国的乡村建设而努力着。其前身是温铁军主持的《中国改革》杂志社大学生支农调研项目部，直到2004年才以"梁漱溟乡村建设中心"的名称注册，挂靠中国人民大学农业与农业发展学院成立的中国人民大学乡村建设中心。挂靠在乡建中心下面的还有晏阳初乡村建设学院，以及在厦门开展工作的工友之家等几个机构。

目前，乡建中心每年都会在全国高校中选拔几十名优秀大学生，进行为期一年的农村发展理论和实践培训，这就是从2005年开始实施、由香港社区伙伴（PCD）提供支持的"农村发展人才计划"（以下简称"计划"）。乡建中心对入选大学生进行支农培训，然后再将他们分配到"计划"办公室选取的河北、河南近50个农村试验点，在那里担任农村社区发展项目执行人或村支书助理，同时兼任所在社区大学的教师等，在培训自己的同时，也帮助当地农村发展。

"计划"的实行与"大学生支农调研"的短期志愿活动有很大关联。后者从2001年就已经在各个高校开始，帮助学生社团进行短期的志愿活动。高校学生利用周末、寒暑假等业余时间去周边的农村进行调研，开展支农、支教等活动。乡建中心与全国高等院校成立的100多个涉农社团，共同组织大学生实践活动，如支农支教，帮助农村培育农民合作组织。后发现延长短期的支农时间对大学生深入农村的基层，了解农民的生活、生产，以及开展新型农村建设更有独特的帮助，才有了制订"计划"的想法。

梁漱溟乡村建设中心的工作看似包含在"大学生支农""合作组织""绿色产品"这三个关键词里面。此外，它还与打工艺术团等组织一起，"为劳动者歌唱"，倡导一

---

① 王辉. 北京梁漱溟乡村建设中心［EB/OL］.（2007 – 10 – 30）. https：//www. chinadevelopmentbrief. org. cn/news/detail/11492. html.

种积极、健康的生活方式。这是务实的做法，也是层层递进开展工作的方式。其实，乡建中心更希冀于在农村建立起农村文化、孕育出农民精神。唯有解决了农民的精神贫困，才能实现农民的富裕。这就是乡建中心贯穿"三个关键词"的"新文化建设"的内涵。虽然农村文化的建立不是一朝一夕就能够完成的，但它始终体现在乡建中心开展的每一个活动里面。这也如同马斯洛的需求层次理论一样，在满足了低层次需求的同时，也会兼顾高层次的需求。

第二节　新时代乡村振兴对大学生道德品质的要求

道德品质是人们心灵秩序的"稳定器"和精神境界升华的支撑。乡村振兴工作对大学生劳动教育提出了道德品质的要求，有德是有才的前提，参与乡村振兴的大学生应该以道德来规范个人行为，以道德来涵养个人精神，以道德来催生内生动力，以道德来培养履职担当。同时，道德的作用在于以一个人带动一群人，乡村地区社会文明程度相对偏低，欠缺公共意识阻碍着公民个人道德素养的提升，需要大学生以身作则，带动集体道德品质的提升。

一、培育社会主义核心价值观，涵养家国情怀

"为党育人，为国育才"是高校肩负的重要使命，培养乡村振兴人才也是大学生劳动教育所担负的艰巨任务。有学者指出，人的思想道德水准直接影响着乡村发展的文明程度和现代化水平。在大学生劳动教育中，加强大学生自身思想道德建设，用社会主义核心价值观铸魂育人，往往是最容易被忽视的方面。

在投身振兴乡村过程中，同时也受到周围环境的影响。农民中普遍存在着"保守""自给自足""小富即安"的小农思想，很可能会对投身乡村振兴工作的青年群体造成消极的影响。在乡村振兴的进程中，不免会出现"宁愿自己的一亩三分地荒着，也不愿给到别人经营""宁愿收稳定的租金，也不愿承担风险，入股企业同企业形成利益联结"等思想。乡村社会熟人社会特征明显，要依靠法治加强乡村治理的规范性，又要善用德治强化道德教化作用。

此外，在五大振兴中，每一个方面都蕴含着矛盾和冲突，也存在着底线和红线。在产业振兴中，要牢牢记住"耕地保护的红线不能碰"，在面对地方发展和国家利益的冲突时，要站稳立场。在人才振兴中，要破解人才双向流动困难的瓶颈性问题，大力培养本地乡土人才，全面引入外来人才，创造能"留得住人、用得好人"的乡村就业居住环境。在文化振兴中，面对乡村中的中华传统文化，要能够分辨"陋习"和

"精华"，助力形成"德业相劝、过失相规、守望相助、患难相恤"的社会风尚。在生态振兴中，要牢记"金山银山才是绿水青山"。如果缺少了社会主义核心价值观这条准绳，在短期利益和长期利益、个人利益和集体利益方面有可能会迷失方向。在组织振兴中，要坚持党建引领"自治、法治、德治"三治融合，牢牢把握党组织核心引领作用，以基层治理民主制度化、规范化、程序化切实加强党的领导，集中力量做好服务群众工作。

要重视引导学生骨干成为乡村社会实践的组织者和参与者，加强社会责任感教育。社会责任感是指在特定的历史条件下，社会群体或者个人对整个社会的美好构建担负起的社会职责以及履行社会义务的自觉意识和情感体会。能否树立服务乡村的强烈社会责任感，既是青年能否助力乡村振兴梦的根本，也是青年能否采取积极的态度做好乡村工作的前提。具体来说，大学生劳动教育要培养有意愿参与乡村振兴工作的学生，提升以下几个方面的意识。

1. 关注乡村社会问题的意识。要培养大学生，尤其是学生骨干主动了解乡村，正确面对乡村发展存在问题的意识。鼓励大学生进行积极的思考或采取积极的举措来推动乡村的进步和改善。"三下乡"暑期社会实践就是一个很好的接触乡村的途径，可以为乡村目前存在的环境破坏、社会不公等问题从青年视角提供解决方法和思路。重庆三峡学院的学生在重庆市万州区30多个镇乡街道遭受"7·4"洪涝灾害后，走入田间地头通过直播带货的方式在网络直播平台推销受灾村民的农产品，短短一周销售了4万斤西瓜，并将建立"产销直供"的电商体系。广东外语外贸大学以非遗瑶绣为切口，设计非遗文创产品526款，并与当地企业合作生产，年产服饰达1.49万套，带动1200余名瑶乡绣娘增收致富。在劳动教育中，使大学生意识到自己应该承担改变和解决这些问题的责任。①

【拓展阅读】

贵州理工学院：推广普通话　助力乡村振兴②

2022年贵州理工学院人文素质教育中心组织20名同学以"中华经典润乡土乡村振兴惠万民"为主题，赴六盘水市水城区开展推普助力乡村振兴暑期社会实践活动。

在活动中，实践团队聚焦普通话普及率较低的民族地区，针对青壮年劳动力、留守妇女、中小学生及学前儿童，开展了为期九天的"普通话调研＋文化互融"走访问

---

① 共青团中央：一群大学生进村逢人就是咔咔拍照！每一张都是最温柔的样子［EB/OL］．（2023-07-31）．https：//www.cqcivc.edu.cn/article_24456.html.

② 教育部、团中央发来扬信"点赞"贵州理工学院推普实践活动［EB/OL］．（2023-02-27）．http：//gz.people.com.cn/n2/2023/0227/c358160-40317300.html.

卷调查、"普通话＋学以致用"经典诵读宣教课堂、"普通话＋职业技能"培训讲座、"推普＋红色展演"特色主题活动，受到了当地群众一致好评。中国教育电视台等媒体对活动进行了宣传报道，取得了良好的社会影响。

贵州理工学院相关负责人表示，2023年学校语言文字工作将再接再厉，开展好"经典润乡土计划"语言文字工作项目，落实好"人文理工读书计划"，开设好语言文字类通识选修课程，举办好第26届推普周系列活动，聚焦高质量推广普及国家通用语言文字，将语言文字工作与高校人才培养、科学研究、社会服务、文化传承创新、国际交流合作等有机融合，更好服务贵州教育和语言文字事业高质量发展，真正发挥普通话推广工作在贵州民族地区乡村振兴事业中的实际经济效益和社会效益，为教育强省和文化强省建设贡献力量。

2. 遵守法律和道德，修身律己，强化大学生标杆意识。《高等学校乡村振兴科技创新行动计划（2018－2022年)》明确表明，在乡村振兴中要重视"新型农业经营主体、农技骨干、新型职业农民、大学生村官以及'三农'党政干部"。现代青年农场主、新型农业经营主体带头人、农业职业经理人作为乡村振兴的先行者，在村民之中发挥着参照作用。在劳动教育中加强法治意识和道德意识教育，让青年遵守法律和道德规范，尊重他人的权利和利益，不通过不正当手段获取利益，不对社会造成不利影响，才能推动移风易俗，弘扬新风正气，营造风清气正的干事创业氛围。

3. 培养大局意识，主动维护利益相关者权益，寻求双赢的办法。具备社会责任感的个体和组织会主动关注及尊重与其相关的各方利益，如员工、客户、供应商、合作伙伴等，并努力在各方利益之间寻求平衡。大学生也应当积极参与志愿服务、捐款捐物、关注公益事业等，从个人利益关注到社会利益，为社会发展作出贡献。

二、培养良好的劳动品德，做新时代合格劳动者

马克思主义劳动观认为劳动创造了人，劳动同教育相结合，体现出劳动对于培养"全人"、完善人格的作用。在劳动教育中培养劳动品德，帮助受教育者学会崇尚劳动，尊重劳动人民，养成劳动习惯，提升劳动素养。我国是一个农业大国，乡村是我国劳动教育的起点，在我国劳动教育的历史中，毫不夸张地说，劳动教育培养了一代又一代人，"劳动最光荣、劳动最美丽"的口号深入人心，学农、上山下乡在几代人心中都留下了不可磨灭的记忆。乡村振兴对大学生劳动教育提出了培养劳动品德的要求，大学生劳动教育帮助大学生形成的新时代社会主义劳动观也改变着大学生对乡村的看法。在培养劳动品德、助力乡村振兴方面，要重点关注以下几个方面。

1. 辛勤劳动。辛勤劳动是社会主义核心价值观的重要体现，"爱岗敬业"归纳了

以劳动情怀引领个人行动的普遍行为。辛勤劳动的"辛"意味着辛苦，辛勤劳动的"勤"意味着奋斗。在当今乡村社会，劳动往往是体脑劳动相结合，劳动的过程并不轻松。中华民族伟大复兴，绝不是轻轻松松、敲锣打鼓就能实现的，在乡村振兴之中，也必须认识到，吃不下劳动的苦，那乡村生活就无法成为美好的生活。培养大学生辛勤劳动的品德，先要从认真完成好本职工作做起。在目前的乡村社会实践中，大学生返乡后所从事的工作对技能和技术要求都较低，很可能出现与自身专业关系不大的情况。以大学生村官为例，大学生村官根据文件要求按党员、预备党员和共青团员身份不同，分别担任村支书助理、村主任助理和青年委员等职位，处于这些岗位虽然可以参与村民小组会议、村民代表会议等，对乡村重大事务拥有一定的参与度，但日常工作还是以走访村民、处理村民日常事务为主，创造性的工作不多。但是如果不能在基础的工作上尽心尽力，不能兢兢业业完成职责中的基本任务，好高骛远，总是梦想着干一番大事业，那也很难拥有"日日吃苦而不觉苦"的钻研精神和工匠精神。

2. 科学劳动。新形势下乡村振兴已经不再是传统农业使用人力、畜力、手工工具和铁器等方法进行劳作。在国家提倡的农业现代化之中，大学生劳动教育更要注重科学劳动。乡村劳动不是想当然怎么做，偏离科学或行规的劳动往往是事倍功半，甚至内含巨大的破坏力，而符合科学规律的劳动则能够更加有效地提升劳动的价值。接受学校劳动教育、参加相关培训活动等能够有效提高劳动者的理论素质和技能素质。要重视农业新技术进村入户的通道，大学生要适当学习相关的物联网、大数据等现代信息技术，也要了解防灾减灾体系、动植物防疫检疫体系等保障措施。大学劳动教育要积极培育新型职业农民，将被动地服务乡村变成主动创业。以先进技术创新那些技术含量不高、可替代性强的初级加工制造岗位。2009年全国共青团农村工作会议提出全团培训百万农村青年的目标，就是一个宣传科学劳动的很好的举措。

3. 珍惜劳动成果。"一粥一饭当思来之不易"，珍惜劳动成果就是尊重劳动的具体表现形式，也是尊重劳动人民的真挚情感流露。我国虽然幅员辽阔，但同14亿人口的需求相比，土地、农产品都是稀缺资源。我国虽然城镇化发展迅速，但仍然有5亿多人生活在农村，占全国人口的1/3。同时，还要清楚地认识到，我国在粮食生产、流通、加工、消费环节存在着大量的浪费现象。农产品加工增加值和农业增加值之比同欧美发达国家的加工转化水平相比还有较大差距。尤其是大学食堂的浪费更是触目惊心，人民网在2013年、央视网在2017年均对高校食堂浪费现象做过调查，发现大学食堂浪费现象十分严峻，尤其是主食和蔬菜的浪费。因此在大学生劳动教育中，加强对珍惜劳动成果的教育显得尤为重要。

三、端正劳动动机，重视劳动情绪疏导

大学生劳动道德品质要求中一个很重要的内容是劳动情绪的疏导。优美的工作环

境与优厚的工资待遇是当下青年择业的重要指标。随着城市人口密度的增加，城市生活成本越来越高，工作节奏越来越快，"卷"也成为青年的流行词。很多城市人在工作之余都愿意去乡村度过悠闲的一天，也有部分青年放弃城市工作，去乡村开拓另一片天地。然而，必须承认的是，乡村的经济、政治、文化、社会事业等方面的总体状况远不及城市，对于年轻人来说最直观的感受就是城乡居民在医疗、就业、社会保障等方面存在着巨大的差距，在大学生参与乡村实践的实际之中，如果缺乏正确的引导，也不可避免地存在"农村很衰败"的不良印象，导致赴乡村开展劳动教育并没有让学生产生积极的情绪，反而产生了"厌农"的消极情绪。总体来说，如果处理不好大学生对劳动的好恶，那大学生在投身乡村振兴的实践中对身边劳动者的情感和自身在劳动过程中的情绪就很难控制得好。

1. 大学生劳动教育要注意坚定劳动意志。劳动情绪通过激发动机引导劳动行为。动机是个体的内部动力在面对劳动行为时所发挥的引导、激发和维持作用，动机体现在劳动行为中表现为劳动投入和持续时间。对于大学生来说，坚定劳动意志需要大学生不断提高控制不合宜心理因素和行为习惯的能力，增加自制力和自控力，改变慵懒的学习和生活习惯，对积极的劳动行为持续进行正强化，加强自我约束和自我激励，在不断的自省和自我思考中磨炼艰苦奋斗的意志品质，形成持之以恒的劳动观念和行为。

2. 大学生劳动教育要引入讲授劳动情绪疏导方法。劳动本身是一种挑战自我"舒适圈"的行为。尤其是对大学生来说，社会经历不够丰富，对乡村社会实践和乡村职业认识不够全面，更容易陷入"懈怠"或"急躁"的情绪。在劳动情绪疏导中，最为现实也比较有效的方法是加强与身边人的互动。同身边人进行互动，在人情味较浓的乡村中，既能帮助大学生尽早转换角色，融入乡村生活，避免环境陌生、社交孤立造成的压力，又能从中了解周遭人如何看待自己，懂得人与人之间如何交流，在与他人的互动中激发自身积极的劳动动机。在与农民日常交流之中，大学生要懂得向农民学习，通过社会调查和实践活动认识真实的乡村环境，学习村民对待土地和粮食的态度。

3. 大学生劳动教育要关注大学生的劳动幸福感。劳动幸福，就是劳动主体对自我劳动状态的满意与满足，在劳动过程中感到愉悦、舒心和美好，在劳动中深刻体会到自我本质力量的确证和彰显，认识到自由自觉的生命本质。高校应落实好第一课堂劳动教育，将马克思主义劳动幸福观融入思想政治理论课和专业课，在课堂上诠释好劳动与幸福的内涵和关系。同时，也要优化第二课堂劳动教育，营造浓厚劳动幸福学习氛围并将劳动幸福渗透到大学生的日常管理中。

第三节　新时代乡村振兴对大学生核心素养的要求

青年素养是指青年群体在政治、知识、能力等方面的素质。具备良好素养的大学生能更好地适应乡村发展的需要。在乡村振兴之路上，党和国家对乡村人才也有着具体的要求。习近平总书记指出，必须建设一支政治过硬、本领过硬、作风过硬的乡村振兴干部队伍。[①] 2023 年党中央、国务院在《关于加快推进乡村人才振兴的意见》中指出，要加快培养农业生产经营人才，鼓励高校毕业生等创办领办家庭农场、农村合作社；要加快培养农村二三产业发展人才，加强农村电商人才培养；要加快培养乡村公共服务人才，涵盖教师、卫生健康、文化旅游体育、乡村规划建设人才等；要加快培养乡村治理人才，坚持把政治标准放在首位，鼓励高职学校根据乡村振兴需求开设涉农专业，加强农村社会工作、经营管理、法律人才建设；要加快培养农业农村科技人才，突出服务基层导向，加强优秀青年后备人才培养。不难看出，乡村振兴"求贤若渴"，需要讲政治、有技能、懂管理、会创新的人才队伍。

一、牢牢站稳政治立场，提升自身政治素养

脱离了党的领导，乡村振兴工作也就缺少了"定盘星"。培养政治活动能力是乡村振兴对大学生劳动教育提出的政治素养要求。大学生劳动教育需要结合马克思主义劳动观，需要学习贯彻习近平新时代中国特色社会主义思想，需要知国情、懂国策，需要有较强的正确观察、分析、解决实际问题的政治能力。可以说，政治素养是检验大学生能否成为乡村振兴人才的首要标准。

在具体的劳动教育实践中，无论是服务基层的大学生，还是赴乡村开展社会实践的大学生，都必须了解和掌握党的知识，提升自身理论水平和政治工作能力，不断提高服务基层的党建能力。大学生要熟悉党员发展程序，为将来培养和发展农村优秀党员打下工作基础；熟悉党建流程，发展农村民主政治；学会利用先进的网络党员教育资源，提升农村党员的党性修养，根据农村党建的特殊性，用农村的语言风格开展符合农村党员的教育活动。

同时，大学生也要认识到农村基层社会结构复杂、主体多元、观念多元，在开展乡村振兴的实践中，如果不把准政治方向，很容易对农村稳定产生一定影响。例如，部分农村存在的自然资源无序开发问题，其中蕴含着生态风险，也可能牵涉经济利

---

① 习近平. 坚持把解决好"三农"问题作为全党工作重中之重　举全党全社会之力推动乡村振兴［J］. 求是，2022（7）.

益，在防范化解风险时尤其要注意讲政治，否则很有可能演化为农村社会稳定事件。

二、充分发挥专业特长，带动乡村与时俱进

在乡村振兴战略背景下，乡村也涌现出了大量新创企业。然而也要认识到，农业科技成果转化是一个长期的过程。在这一过程中，主要需要以下五大领域的专业人才，有志投身于乡村振兴的大学生应该加强专业知识学习和实习，主动寻找乡村相关行业，发挥专业优势。同时，高校也应该积极同乡村建设相关专业实习实训基地，拓展青年乡村就业的岗位。目前乡村就业岗位还是以技术含量低、工资待遇低的劳动密集型产业为主，这也降低了大学生投入乡村振兴的积极性。

1. 以物联网、大数据等技术应用为代表的智慧农业项目。乡村"数字建设"是乡村振兴中的一大短板，乡村对智慧农业的需求是迫切和紧急的。青年的参与能够充实乡村数字文化人才队伍建设，以青年对信息和大数据的敏锐度来推进物联网、互联网、智能设备等与乡村建设的全面融合，着力弥合城乡"数字鸿沟"，推动建立空间化、智能化的新型数字乡村。华南农业大学以"IT重构农业"为主旨，研发先进的感知设备和专业的软件管控平台，在大棚中打造智能植物工厂，实现了"耕种管收"全生命周期环节的"温光水土气"智能监测及作业指导调控。

2. 以现代育种、高端农机为主要内容的物质装备项目。现代农业需要更加智能化、高效率的农机设备，以提高农业生产的自动化程度和效率。大学生可以在机电工程、自动化等相关专业的基础上，利用自己的专业知识和技能，参与设计和制造高端农机设备，如精准播种机、智能喷雾机、自动化收割机等。大学生参与现代育种和高端农机制造既能够提高农业技术水平，为农业发展注入新的活力和创新力，也为大学生提供了实践和锻炼的机会，培养他们的创新思维和解决问题的能力。

3. 以农产品加工为主要内容的食品项目。现在人们最关心的就是吃上安全、健康的食物。在大学生参加暑期"三下乡"社会实践和大学生返乡创业的实践中，农产品加工也是一个主要的方向。仲恺农业工程学院轻工食品学院通过研发麻竹笋拌饭酱预制菜助推揭东麻竹笋产业，并积极助推国内市场开发。大学生运用自己的专业知识和技能，通过食品科学、营养学、食品工程等相关知识，开发新的加工技术和工艺，并利用现代科技手段提高产品的安全性、营养价值和品质稳定性，也为乡村振兴贡献了青年力量。

4. 以供应链服务、乡村权益保护等为主要内容的产业服务项目。在产业振兴的背后，不能忽视服务业的影响。"温州模式"的成功经验表明，商品生产需要一系列为它服务的设施。"有人想把货物运出，打个电话或到河边随便叫一声，就有车有船"。在乡村产业发展中，如果配套服务措施跟不上，将时间耗费在遇到问题时寻找解决渠

道上，很可能会导致产业成本的提高。因此，乡村发展也需要懂物流、懂法律的青年群体参与。

5. 以线上生鲜电商等为主的电商零售项目。农村电商业成为大量返乡青年创业就业的首选。根据有关统计，到 2020 年，全国农村网店数量达到了 1520.5 万家，带动就业人数 3600 万人，实现 1.79 万亿元的网店总零售额。[①] 电商行业在一定程度上解决了乡村振兴中产品出路的问题，同时，也畅通了宣传地方特色文化的渠道。

目前，很多地方政府和高校已经制定针对服务基层的人才培养方案，各省份都推出"基层农技推广人才定向培养"计划，中国农业大学与农场主校友会联合举办的"乡村振兴青年菁英班"等，充分表明了乡村振兴对专业技术的需求。大学生劳动教育要进一步强化大学生专业使命感，明确专业所承担的社会责任，尝试用专业解决实际的问题。有意向服务基层的大学生在校期间要学好和锻炼服务基层的工作本领，提升工作服务能力，做好职业准备。在学好专业知识的同时要选修相关课程，学好带领农村致富的本领。高校可以通过大国工匠进校园、参与乡村振兴的优秀校友讲座等方式，鼓励大学生应用专业参与到乡村社会实践中，以运用专业知识和技能回馈社会。

三、加强管理协调能力，提升乡村治理水平

治理有效是乡村振兴的重要保障。在乡村振兴背景下推进乡村治理体系和治理能力现代化，必须强化基层基础工作，也需要懂管理的大学生参与其中。乡村基本公共服务体系建设与城市相比还存在一定差距，大部分乡村的村委会人数不足 10 人，分工还不是很明确，乡村教育、乡村医疗服务水平、乡村社会治安、乡村文化服务体系都不完善。村民看病难、子女就学难、文化活动单一的问题也对人才流入产生了一定的负面影响。在管理方面，村组织自我管理能力有限，城乡联动较少，导致小事不愿管、大事管不好。在涉及乡村产业发展方面，有时存在管理服务跟不上、慢作为、乱作为现象。在面对乡村管理问题时，仍然需要新鲜的血液注入。大学生劳动教育可以通过组织活动和学生干部经历的锻炼，提升大学生组织管理能力、语言表达能力和突发事件处理能力，使其为解决农村矛盾学好方法；通过"三下乡"的社会实践，使其积极主动学习基层工作内容；通过基层调研、支教和科学普及等方式积累工作经验，使其了解农村实际情况，从中培养坚强的意志，为适应乡村基层工作做好思想准备。

管理信息化也是提升乡村治理水平的一个重要方面。随着微信、网络平台的发展，很多乡村也成立了自己的"乡村公众号"、建立了"村民微信群"、打造了村组事务公

---

① 前三季度农村网络零售额同比增长 16.3% ［EB/OL］．（2021 - 12 - 10）．https：//www.gov.cn/xinwen/2021 - 12/10/content_ 5659693.htm.

开监管的网络公示平台。在管理这些新事务时，也需要青年大学生的助力。

四、努力发展创新能力，深入挖掘乡村资源

推动农村创新创业，一方面有助于开辟就业增收新空间，另一方面也有助于优化创业环境。总体来说，农村还是诸多市场产业的蓝海，创新产业和业态充满了机遇。在促进大学生创新能力发展方面，有以下几种做法。

1. 高校可以开展各级创业计划大赛、职业规划大赛等基层就业创业教育活动，充分挖掘基层成功创业的典型案例，提高学生的基层服务和创新能力。乡村振兴战略背景下的校园文化活动要有"三农"元素，引导大学生思考农村经济发展热点问题，参与农村文化创新建设；加强大学生创新创业项目培育，向大学生返乡创业项目倾斜，引入农业资本和技术，带动农产品产业化，促进农产品流通；高校专业教师要组建有学生参与的科研团队，着重研究农产品附加值，用科研成果带动农民增收。在这个过程中，高校要为大学生提供创新创业、科研平台，开拓大学生创新视野，培养大学生对农村建设的创新能力，促进农村经济的转型发展。

2. 深入挖掘乡村文化，将村落文化资源和青年对城市新元素的理解结合起来。乡村旅游业的兴起反映了人们对悠闲生活和美好生活的向往，这也是吸引青年到乡村工作的优势所在。每个人心中都有"乡愁"，乡村的农耕生产价值、道德教化价值、古村落历史价值、农民生活智慧价值、乡村生态文明价值等都蕴含着商业机遇。青年要发挥自身对城市新元素的理解，将乡村本色文化赋予现代化的气息，打造乡村文化品牌，用品牌的符号对村落文化资源进行保护和传承。

【拓展阅读】

清华学子：把青春挥洒在祖国的田野上①

有这样一群清华大学的学子，他们积极响应党的乡村振兴战略，利用所学专长创办乡村振兴工作站，改造乡村闲置房屋，在实践中服务乡村振兴。

新年前夕，记者跟随清华大学建筑学院的几位同学前往江苏南京高淳区的高岗村，开展假期社会实践。这里是苏南地区较为典型的一个空心村，空置民房较多，基础设施落后。当地政府把这些房屋从村民手中租过来之后，再由清华学生进行翻修和改建，计划建成以乡村工作站为核心、集合多方资源的高淳旅游文化新地标。

清华大学研究生陈泓宇告诉记者，在民房改建过程中，要经常性地与施工队反复

---

① 清华学子：把青春挥洒在祖国的田野上 ［EB/OL］．（2021 - 2 - 17）．https：//www.xuexi.cn/lgpage/detail/index. html？id = 14719653353076132756&amp；item_ id = 14719653353076132756.

沟通，想出解决方案并修改。在这个过程中，同学们不断地经历着理论和实践之间的碰撞。

眼看着村里的游客越来越多，做过乡村厨师的村民诸春花产生了办农家乐的想法。不久之后，陈泓宇为她送来了"春花小院"的设计方案。

在福建闽清，清华大学学生正在对一座建于清代乾隆年间的古厝进行保护性改造，建成后，它将分别被设计成会展厅、图书馆、直播间、远程教育室等。为更好地融入乡村，同学们走街串巷，了解村民生产生活。受新冠疫情影响，村民郑云彬家的柑橘滞销，大家开始帮她想办法。

过去的三年多时间，清华大学乡村振兴工作站已在河北、山东、云南、福建等15个省市设立25个站点，并带动全国60余所大专院校的1500余名师生参与到各地乡村振兴工作站的规划建设中。在清华大学乡村振兴工作站建成的第一个站点——山东文登站，一个不足4万人的小镇已汇聚了16名博士、教授级专家学者，200多位"新村民"在这里创业，设计村、漫画村、康养村等特色村落渐成气候，每年可带动村集体增收2000多万元。

第四节　新时代乡村振兴对大学生实践能力的要求

实践是将理想信念、知识能力转化为专业技能的重要环节，大学生参与乡村振兴，关键在"干"。通过积极参与乡村社会实践活动，大学生不仅能够更多地了解乡村振兴战略相关政策、乡村现状和情况，磨炼自己的意志品质，加强自身社会责任感，也可以将服务乡村的信念内化于心、外化于行，深化对专业知识的理解和认知，进一步巩固和提高专业技能，将专业技能转化为自己的职业优势。同时，大学生乡村社会实践也贴合劳动教育的理念，将劳动和学习相结合，通过实践活动来深化和拓展学习内容，让学生在实践中得到知识的应用和实践经验的积累，促进理论与实践相结合，达成实践育人的目的，在乡村社会实践中培养大学生自主探索、解决问题的能力，培养实际动手能力和实践创新能力。

一、善于收集信息，开展乡村调查研究

在乡村振兴实践中，国家和地方都出台了许多政策给予支持，汇总收集分析处理这些信息，对开展乡村社会实践有着指导性的意义。收集信息的重要性体现在以下几个方面。

1. 可以了解乡村现状。收集信息可以帮助大学生了解乡村的社会经济、人口分

布、资源利用以及发展潜力等方面的现状。通过了解乡村的资源状况、市场需求、人力资源等方面的信息，可以制定科学合理的发展目标和发展方向，为乡村振兴提供指导和支持。每个乡村都有独特的文化和历史，了解乡村现状，能够帮助大学生尽快融入乡村，评估实践项目的可行性。

2. 可以为解决问题提供依据。通过信息收集能够分析出乡村存在的问题和需求，如基础设施不完善、人才流失、农业生产困难等。通过有针对性地收集信息，可以清楚地了解当前存在的问题和需求，为制定解决方案提供依据。

3. 可以整合相关资源。在乡村振兴中，除了乡村自身资源外，还需要凝聚社会参与乡村振兴的合力。收集信息可以帮助乡村寻找合适的合作伙伴，包括政府部门、企业、科研机构、学校、社团组织等。通过了解各方的情况和需求，可以寻找到能够提供支持和帮助的合作伙伴，共同推动乡村振兴的发展。

在乡村振兴中，收集信息的方法包括以下几种。

1. 实地调研。通过走访、观察和与乡村居民进行交流，了解他们的生活状况、需求和意见。实地调研可以直观地了解乡村的实际情况，获取第一手信息。

2. 数据收集。通过收集、整理和分析相关数据，了解乡村的社会经济状况和发展潜力。可以利用各种统计数据、政府文件、研究报告等进行数据收集。

3. 社交媒体和网络调查。通过社交媒体平台、乡村论坛、调查问卷等方式，收集乡村居民和相关利益方对于乡村振兴的看法与建议。这种方法可以覆盖更广泛的人群，获取多样化的意见。

4. 专家咨询和学术研究。借助专家、学者和研究机构的力量，进行与乡村振兴相关的研究和咨询。专家可以提供专业的分析和建议，为乡村振兴提供参考和支持。

5. 参观考察和案例学习。通过参观其他乡村振兴成功的地区，学习其成功经验和做法。这种方法可以借鉴他处的经验，加以适应和应用在自己的乡村振兴中。

以上方法可以相互结合，选取适合的方式进行信息收集，以综合全面地了解乡村的发展需求和挑战。同时，要注重信息收集的时效性和准确性，确保收集到的信息对乡村振兴实践具有实际指导意义。

二、开展社会合作，拓宽乡村振兴思路

社会合作是乡村振兴的重要基石。乡村振兴需要投入大量的人力、物力和财力。社会合作可以整合资源，优化配置，发挥各方优势，形成合力，从而更有效地解决乡村社会问题。对于赴乡村开展社会实践的大学生而言，自身资本相对不足。同时，投入乡村的政策资源项目也呈现碎片化。有技术的人找不到管理团队，有资金的人找不到好的乡村振兴项目，大学生很多好点子受制于资金、技术、服务、信息问题得不到

落地。同样地，因为缺乏合作渠道，乡村社会实践的长效机制还不够完善。尤其是大学生在乡村开展创业项目，依靠农村自身的软硬件条件是很难持续的，必须依托周边城镇的创业资源，将政府财政、金融、上下游企业形成合力。

大学生团队具备专业知识和创新思维，对乡村发展有热情，是乡村振兴的重要力量。这些团队可以与当地农民结合，将农业技术和创新理念引入乡村，推动农业现代化进程。例如，团队可以开展农业科技推广活动，帮助农民提高农产品的品质和产量，从而增加农民的收入；同时，团队可以进行市场调研，帮助乡村农产品找到更广阔的销售渠道，提高农产品的附加值。

大学生团队也要善于借助政府和社会力量。政府是乡村振兴的主导者和决策者，与大学生团队的合作能够为乡村振兴提供政策、财政补贴和土地资源等方面的支持。大学生团队可以与政府建立合作关系，积极争取政府的政策支持和资源投入。除了政府，社会力量也是大学生团队助力乡村振兴的重要合作对象。社会力量包括社会组织、企业和公益机构等，它们拥有丰富的资源和经验，能够为大学生团队提供更多支持。有效整合资源，体系化推进乡村振兴，大学生团队作为系统中的一部分，既能够分摊相关风险，也能够有效推动乡村振兴工作。

三、主动付诸行动，求真务实久久为功

乡村振兴实践活动还要坚持实事求是，不能做超越发展阶段的事。大学生劳动教育有必要让青年群体了解诚实劳动的意义。如果不能因地制宜，实事求是，而是将乡村振兴实践用来参与比赛获得荣誉，或者套取国家资源，那么乡村振兴工作就可能会"千疮百孔"，不仅难以做到，而且可能留下严重的后遗症。具体来说，"三下乡"活动要结合具体所下乡村实际，认真组建理论普及宣讲团，通过小规模、互动式、接地气的面对面交流，深入农村宣讲习近平新时代中国特色社会主义思想和党的十九大、二十大精神；乡村志愿活动要有持续性，在乡村地区开展具体的社会实践活动，如支教、环境保护等，不能"人走茶凉"。在具体的乡村实践过程中，大学生应当做到以下几点。

1. 深入实地调研。大学生团队在参与乡村振兴项目时，应先进行深入实地调研。只有了解了乡村的实际情况，才能提出切实可行的解决方案。实地调研可以帮助大学生团队更好地了解当地需求、资源和问题，并与乡村居民建立良好的沟通和合作关系。这样，大学生团队的工作才能更加贴近实际，更具针对性和可行性。

2. 制订切实可行的项目计划。基于实地调研的结果，大学生团队应制订切实可行的项目计划。项目计划应紧密结合当地实际情况，满足乡村居民的真实需求。同时，项目计划应考虑资源的可获取性和持续性，确保项目得以长期推进和发展。大学生团

队要根据自身的专业知识和技能，提供具有创新性的解决方案，并注重合作与共享，使项目更具可持续性和社会效益。

3. 注重实效验证和社会影响评估。大学生团队应注重实效验证和社会影响评估，通过数据和实际效果来评判项目的成果。实效验证可以帮助大学生团队及时发现问题，及时调整项目方向。同时，社会影响评估可以帮助大学生团队了解自己的工作对于乡村振兴的真正影响，进一步指导未来的工作策略和方向。

思考题

1. 为助力乡村振兴，大学生要做怎样的准备？

2. 对比一线城市，乡村工作、生活有哪些优势和劣势？

3. 结合自己专业，思考自己能够在乡村振兴中做些什么。

第二篇

实　践　篇

第四章

新时代大学生乡村社会实践

大学生乡村社会实践是联结高校与农村的有效载体[①]，在高校人才培养、服务新时代乡村振兴、传播社会主义先进文化和促进校地合作等方面发挥着重要作用。在中央宣传部、中央文明办、农业农村部、教育部、共青团中央、全国学联等部委统筹规划下，全国 3600 余所大中专院校利用平时或者假期时间赴乡村开展乡村社会实践。多年来，大学生乡村社会实践取得了较好的成绩，形成了"高校重视、社会关注、参与人多、涉及面广"的基本态势。本章将对大学生乡村社会实践的具体参与内容和形式进行梳理，为大学生参与乡村社会实践提供参考和指导。

第一节 大学生乡村社会实践的基本内容形式与内涵

党的十九大报告首次提出实施乡村振兴战略，2018 年中央一号文件也强调，实施乡村振兴战略，必须破解人才瓶颈制约。高校作为社会主义合格建设者和可靠接班人的重要培养基地，具备参与乡村振兴的良好基础，在参与和服务之中，也能起到校地协同育人、检验学识本领的效果。因此，大学生乡村社会实践具有重要的社会意义和教育意义。

一、大学生乡村社会实践的概念与内涵

在马克思主义相关论述之中，教育和生产劳动相结合是现代社会与现代教育发展的普遍规律。自 1963 年起，我国一些学校就开始定期组织青少年到农村或学农基地参与农村的社会生产、社会服务及社会调查活动，这有助于培养青少年集体主义观念、磨炼吃苦耐劳的意志品质、更深入了解社会主义新农村的特点。进入新时代之后，大

---

① 王左丹. 大学生暑期社会实践长效机制构建探析 [J]. 思想教育研究，2014 (3)：83 - 86.

学生乡村社会实践是从实践育人的定位出发，针对新时代下乡村振兴要求，重点在于学生劳动精神塑造、认识社会主义制度优越性、学以致用发挥才干等方面，乡村社会实践更加集中体现了以人为本，形式也更加丰富和多样，青年学生真正成为实践活动的主导者和创造者。

在新时代背景下，大学生乡村社会实践内涵和特点主要体现在以下三个方面。

（一）大学生乡村社会实践具有时代性

对 2014～2020 年大学生乡村社会实践的主要内容进行梳理，不难发现大学生乡村社会实践的内容体现出较强的时代性。例如随着党的十八大中"美丽中国"首次作为执政理念出现，2014 年至今，每年均在全国高校组建 100 支美丽中国实践团，到农村基层围绕农村人居环境开展科普知识宣讲、社会调查研究等活动。再如党的十八届三中全会提出"全面深化改革"，全国高校组建深化改革观察团，深入乡村，把握和理解国家在农村深化改革方面的政策举措。2017 年，围绕习近平总书记在五四青年节前夕考察中国政法大学重要讲话精神①，聚焦全面依法治国，组建依法治国宣讲团，深入乡村宣传宣讲习近平总书记关于全面推进依法治国的重要论述。2018 年，开展"助力精准扶贫"和"服务乡村振兴战略"专项计划，开展"推普脱贫攻坚"全国大学生暑期社会实践专项活动，开展"乡村稼穑情·振兴中国梦"全国农科学子聚力乡村振兴暑期实践专项行动。2019 年，围绕党的十九大，以庆祝中华人民共和国成立 70 周年、纪念五四运动 100 周年为契机，号召全国大中专学生在社会实践活动中积极参与新时代"三农"工作。2020 年，鼓励开展"返家乡"社会实践，立足构建完善常态化长效化的实践育人工作格局，全面贯彻落实习近平总书记关于青年工作的重要思想，引导和帮助广大青年学生上好与现实相结合的"大思政课"，在社会课堂中受教育、长才干、作贡献，在观察实践中学党史、强信念、跟党走。② 不难发现大学生乡村社会实践的内容始终扎根中国大地，紧跟时代发展步伐，把握时代发展脉搏，这也是大学生乡村社会实践"培养德智体美劳全面发展的社会主义建设者和接班人"的要求。

（二）大学生乡村社会实践强调"以人为本"和"立德树人"

大学生乡村社会实践以"以人为本"和"立德树人"为基本理念，将育人作为乡村社会实践工作的最终目标。乡村社会实践内容与劳动教育是深度融合的，核心目的是提升大学生综合素质。习近平总书记在全国教育大会上要求，在学生中弘扬劳动精

---

① 习近平在中国政法大学考察［EB/OL］.（2017－05－03）. http：//www.xinhuanet.com/politics/2017－05/03/c_1120913310.htm.
② 学党史 强信念 助振兴——记安顺学院大学生志愿者 2021 年暑期送文化、科技、卫生"三下乡"活动［J］. 安顺学院学报，2021，23（5）：2，137.

神，教育引导学生崇尚劳动、尊重劳动，懂得劳动最光荣、劳动最崇高、劳动最伟大、劳动最美丽的道理，长大后能够辛勤劳动、诚实劳动、创造性劳动。[①] 在这样的教育指导方针下，各级各类学校不断完善发展劳动教育课程体系。乡村社会实践作为最贴近马克思主义劳动观要求的劳动教育内容，已经成为高校劳动教育课程体系的重要构成部分，特别是乡村社会实践中的志愿服务、公益劳动等方面，能够有效帮助学生理解和形成马克思主义劳动观，进一步了解国情，强化学生的社会责任，培养学生勤俭、奋斗、创新、奉献的劳动精神。

（三）大学生乡村社会实践注重学以致用、服务乡村发展大局

大学生乡村社会实践倡导学生结合所学专业，努力在乡村振兴有所作为、提出有价值的建议。将乡村社会实践内容与技术创新进行有效融合。在乡村振兴的热潮中，乡村农业信息网络基础设施建设、数字化服务平台等新技术不断得到应用。新时代的乡村社会实践需要鼓励学生更多地关注对新技术的接触和使用，使学生参与和创新新技术在乡村社会实践中的方式与方法，鼓励学生学以致用，择世所需。在开展大学生乡村社会实践的同时，高校和地方也有计划地建立一批稳定的乡村社会实践基地，既为大学生进行乡村社会实践活动提供重要场所，也有助于乡村社会实践活动效果的提升。大学生乡村社会实践更着眼于学生可持续、技术性的服务，也可以使学生和乡村获得更大的收益，实现两者合作共赢。

二、大学生乡村社会实践的基本内容形式

中共教育部党组 2017 年 12 月印发的《高校思想政治工作质量提升工程实施纲要》中指出，社会实践形式包括社会调查、生产劳动、社会公益、志愿服务、科技发明、勤工助学等活动。要深入开展好大学生暑期"三下乡""志愿服务西部计划"等传统经典项目，组织实施好"牢记时代使命，书写人生华章""百万师生追寻习近平总书记成长足迹""百万师生重走复兴之路""百万师生'一带一路'社会实践专项行动"等新时代社会实践精品项目。对于大学生乡村社会实践而言，结合高校具体实践方案，其主要形式可以分为大学生暑期"三下乡"活动、大学生短期乡村志愿服务、中长期实践服务（如西部计划、"三支一扶"等）、大学生乡村社会调研等。

（一）大学生暑期"三下乡"

大学生暑期"三下乡"活动是指大学生利用假期或课余时间在乡镇、农村参与文

---

① 习近平：坚持中国特色社会主义教育发展道路 培养德智体美劳全面发展的社会主义建设者和接班人[EB/OL]．（2018－09－11）．http：//jhsjk．people．cn/article/30284771．

化、科技、卫生服务的活动，它是大学生社会实践的重要形式，是加强和改进大学生思想政治教育的重要载体。① 1996 年 12 月，中央宣传部、国家科委、农业部、文化部等十部委联合下发《关于开展文化科技卫生"三下乡"活动的通知》。1997 年，"三下乡"活动在全国正式开展。在"三下乡"开展历程中，"三下乡"社会实践活动的内容和形式日益丰富，不仅涉及政策的宣讲、乡村情况的调查，同时也包含文艺演出、普法下乡、支教扫盲等多种形式。

（二）大学生短期乡村志愿服务

大学生短期乡村志愿服务是大学生参与乡村振兴的重要途径，在推动乡村社会主义核心价值观的培育和践行中具有无可比拟的优势。在乡村志愿服务中，大学生在开展留守儿童帮扶教育、助老敬老、心理疏导等方面都能发挥出积极的作用。2019 年 6月，中共中央办公厅、国务院办公厅印发《关于加强和改进乡村治理的指导意见》，将推动志愿服务制度化常态化、支持农村社会工作和志愿服务发展列为加强和改进乡村治理的重要任务。大学生参与乡村志愿服务，在志愿中传播社会主义核心价值观，对推动乡村全面振兴、推进乡村治理体系和治理能力现代化具有重要意义。

（三）西部计划、"三支一扶"和山区计划等中长期社会实践

2006 年中央组织部、人事部、教育部、财政部、农业部、卫生部、国务院扶贫办和共青团中央八部门联合下发《关于组织开展高校毕业生到农村基层从事支教、支农、支医和扶贫工作的通知》，号召高校毕业生到农村、到西部去建功立业，经受锻炼，促进农村基层教育、医疗卫生、农业和扶贫等公益性服务及事业的发展，为社会主义新农村与和谐社会建设作出贡献。由此也形成了一系列大学生服务乡村的中长期社会实践项目。

大学生志愿服务西部计划（以下简称西部计划）是经国务院常务会议决定，由共青团中央、教育部、财政部、人力资源社会保障部共同组织实施的一项重大人才工程。该项计划从 2003 年就初具雏形，按照公开招募、自愿报名、组织选拔、集中派遣的方式，每年招募一定数量的普通高等学校（教育部《全国普通高校名单》所列高校）应届毕业生或在读研究生，到西部基层开展为期 1~3 年的教育、卫生、农技、扶贫等志愿服务，并鼓励志愿者服务期满后扎根当地就业创业。

"三支一扶"计划主要是让高校毕业生到农村基层从事支农、支教、支医和扶贫工作，其中支教计划着重让高校毕业生重点支援落后地区乡镇中小学，有效缓解乡村教师人员不足问题。

---

① 任江林. 深化大学生"三下乡"社会实践活动刍议 [J]. 现代教育科学，2009 (11): 137-139.

2016 年 7 月，共青团广东省委员会、广东省青少年发展基金会、广东省志愿者联合会等组织，共同发起了长期支教项目——希望乡村教师计划，该计划属于"广东大学生志愿服务西部计划（山区计划）"的子项目，服务期限为半年到 2 年，主要教授小学和初中的各个科目。

（四）大学生乡村社会调研

大学生乡村社会调查是指大学生运用所学知识，以科学方法论为指导，对乡村有关社会现象或社会问题，深入实际进行调查研究，从而对调查对象的起因、形成和发展态势作出科学描述与分配的一种社会活动。[①] 大学生乡村社会调查是大学生国情社情感受的重要组成部分。通过乡村社会调查，大学生直接深入乡村，同乡村密切接触，清楚地了解在党的领导下中国发生的巨大变化，从而了解国情，树立正确的人生观，也进一步增强了青年在实现中华民族伟大复兴中国梦中的责任感。

第二节　广东省大学生暑期"三下乡"实践经验总结

大学生暑期"三下乡"活动是新时代大学生参与乡村社会实践的主要渠道，目前已经成为高校开展三全育人、发挥学校服务社会、联结校地合作的重要组成部分。通过对大学生进行有组织、有计划、有目的的乡村社会实践，达到帮助大学生了解社会、认识国情，增长才干、奉献社会，全面提升综合素质能力的效果。

一、广东省大学生暑期"三下乡"实施现状

2004 年，广东省委、省政府印发《广东省教育现代化建设纲要（2004－2020年)》，其中明确提出要坚持学习书本知识与投身社会实践的统一，"高等学校要加强社会实践，组织学生参加科学研究、技术开发和推广活动以及社会服务活动。利用假期组织志愿者到城乡支工、支农、支医和支教"。此纲要为广东省乡村社会实践提供了理念先导。

2021 年 9 月，广东省印发《广东省教育发展"十四五"规划》，指出"学生社会责任感、创新精神、实践能力培养有待加强"，提出要突出实践育人，加强资源整合，多途径建设实践教育基地，强化学校小课堂与社会大课堂密切连接。明确指出"用习近平新时代中国特色社会主义思想铸魂育人工程"，要组织学生广泛开展理论宣讲、学

---

① 张玲，王凌霞. 大学生社会实践活动中道德情感培养的现状调查［J］. 邢台学院学报，2004（3）：72－74.

习体验、专题调研等社会实践活动。这也为暑期社会实践明确了目的，就是提升学生社会责任感、创新精神、实践能力。

近年来，广东省每年参与大学生暑期"三下乡"的社会实践队伍有 300～400 支，参与师生 5000 余名。在具体社会实践中，广东省创新方式方法，2019 年 6 月首次通过组团方式大规模组织大学生暑期"三下乡"社会实践，将高校队伍按实际活动目的地分为 22 个实践团，如四川甘孜实践团、贵州黔南实践团等。在实践团中，指定团长单位，明确团长单位和成员单位职责，每周编制实践团简报，展示队伍风采，总结实践成效。

【案例阅读】

六所高校联合举办 "不忘初心，牢记使命——大学生下乡促扶贫扶志扶智"文艺会演①

2019 年 7 月 16 日，喜迎新中国成立 70 周年之东华镇鱼湾村"不忘初心，牢记使命"主题教育实践活动暨广州无线电集团携手六所高校大学生下乡促扶贫扶志扶智文艺会演活动在鱼湾村举行。华南农业大学、广州中医药大学、广东工业大学、仲恺农业工程学院、广东第二师范学院、广东商学院六所高校师生代表，以及扶贫干部、村民代表等均参加了活动。

大学生志愿者及当地小学生联合呈现了一场视觉盛宴，活动现场精彩纷呈，不时迸发出阵阵掌声和笑声。有宣传美丽乡村建设，提升环保意识的《环保走秀》；有结合东华镇文化特色及扶贫工作的真人真事自创小品《扶贫现场》，向村民诠释了"扶贫先扶志"的深刻主旨；有结合鱼湾苏维埃文化创编的《红色源泉》；有追求描绘美好中国梦的舞蹈《追梦之旅》和少儿版画《描绘未来》；有擂鼓助威祖国繁荣昌盛的传统文化《盛世中华》；还有展现大学生动感青春的舞蹈歌曲等。此次文艺会演汇聚了各高校力量，同心共进，以文化作品的形式向当地村民传达了"扶志、扶智"的扶贫政策理念，有力推动了当地扶贫政策的实施。

高校大学生在暑期"三下乡"实践活动中，积极服务地方扶贫事业，相继开展了贫困及留守儿童艺术素养培训、引导贫困人口感恩意识提升、工业园区调研、卫生知识普及和免费体检、节目会演以文化人等活动，助力脱贫攻坚工作。

总体来说，广东省大学生暑期"三下乡"实践活动受到高校师生的广泛关注和积极参与。对于大学生而言，参与暑期"三下乡"社会实践，通过自身亲身体验，能够有效增强党性修养、激发家国情怀、提升个人素质、强化责任担当，进一步促进德智体美劳全面发展。大学生暑期"三下乡"社会实践具有以下三点意义。

---

① 笔者自广州无线集团官网，各高校官网等公开信息整理得到。

一是坚定了大学生理想信念。大学生们通过集中举办理论宣讲会、入户进行政策宣传等多种方式，在讲中学、在学中做、在做中悟，进一步理解习近平新时代中国特色社会主义思想的核心要义、精神实质、丰富内涵和实践要求，切实增强"四个意识"、坚定"四个自信"、做到"两个维护"。在每一年的大学生暑期"三下乡"社会实践中，根据不同的时代背景，都确立了不同的主题，这些主题也正是时代对于青年的要求（如表4-1所示）。

表4-1　　　　　　　2014～2021年大学生暑期"三下乡"主题及背景

年份	主题	背景
2014	为祖国勤学修德·以实践明辨笃实	党的十八大和十八届三中全会精神、习近平总书记在北京大学师生座谈会上的讲话
2015	践行"八字真经"·投身"四个全面"	党的十八大和十八届三中、四中全会精神，习近平总书记北京大学师生座谈会关于"勤学、修德、明辨、笃实"的"八字真经"要求，纪念中国人民抗日战争胜利70周年
2016	青春建功"十三五"·携手共筑中国梦	党的十八大和十八届三中、四中、五中全会精神，"一带一路"倡议实施，庆祝中国共产党成立95周年
2017	喜迎十九大·青春建新功	党的十八大和十八届三中、四中、五中、六中全会精神
2018	青春大学习　奋斗新时代	党的十九大，庆祝改革开放40周年
2019	青春心向党·建功新时代	党的十九大和十九届二中、三中全会精神，庆祝中华人民共和国成立70周年，纪念五四运动100周年
2020	小我融入大我，青春献给祖国助力脱贫攻坚，投身强国伟业	习近平总书记五四寄语、给北京大学援鄂医疗队全体"90后"党员回信、给复旦大学《共产党宣言》展示馆党员志愿服务队全体队员回信、给中国石油大学（北京）克拉玛依校区毕业生回信精神
2021	永远跟党走　奋进新时代	庆祝中国共产党成立100周年，以党史学习为重点的"四史"宣传教育

二是检验了大学生学识本领。广袤大地是学习成长最好的教材，实践是检验学识本领最好的标准，大学生在实际中学用结合、用以促学、学用相长，充分发挥自身学科、专业优势，在服务基层过程中学思践悟。实践队伍精准对接基层实际需要，组织开展各类支教、支医、支农等帮扶活动，为乡村建设听诊把脉，积极建言献策，用所学知识解决当地群众的现实问题，真正将论文写在了祖国大地上。

三是培养了大学生劳动情怀。不少学生从小生活在城市里，主要任务是学习，所以农活、家务活基本不用做，五谷不分，四体不勤，对劳动重要性的体悟不深，通过实践活动，远离父母家人，走出教室校园，扎根祖国大地，与当地乡亲同吃同劳动，了解稼穑艰难，明白劳动光荣，提升劳动技能和自立能力。

【案例阅读】

用融媒体推广新丰县乡村振兴①

——东莞理工学院城市学院"大学生融媒体服务队"暑期"三下乡"

2021年暑期，东莞理工学院城市学院校党委宣传部（融媒体中心）和马克思主义学院师生组建"大学生融媒体服务队"，围绕新丰县乡村振兴展开实地调研，对云髻山风景区和古镇、彩虹公路、文化旅游村、乡村产业振兴、避暑景区、红色之旅等进行摄影摄像，对乡村文化建设、乡村社会治理、红色文化保护与传承等展开访谈和问卷调查，形成调研报告等成果，并通过抖音、微信公众号等多媒体方式宣传当地红色文化，助力乡村发展。

新丰县是典型的"九山半水半分田"山区县，也被誉为"中国岭南避暑胜地"。云髻山是珠三角地区的第一高峰，也是新丰江的发源地，是广东省自然保护区，还有温泉、茶叶、樱花等丰富的旅游与乡村产业资源。新丰县有众多红色历史遗迹，民俗文化丰富。当前新丰县正开展广东省全域旅游示范区创建活动，打造新丰"岭南避暑胜地、湾区旅游天堂"品牌。

在前期与新丰县文化广电旅游体育局对接下，服务队得到了新丰县文化广电旅游局的大力支持，确定了相关的调研项目内容与行程。

4天里，服务队参观了新丰历史博物馆、板岭下村"东江纵队在新丰展"、江下村北江第一支队会议遗址。这些珍贵的图片和遗存见证了中华民族波澜壮阔的复兴历程，寄托和承载着共产党人的初心和使命，调研团师生们通过参观接受了生动而深刻的爱国主义和革命传统教育。他们还参观了乡村振兴茶叶产业园、岭南红叶园、大陂村等村史馆，采访了村主任等相关负责人，了解了党建引领下的乡村振兴发展情况。

经广东省教育厅批准，东莞理工学院城市学院与新丰县结对开展"校地共建　实践育人"项目，双方结合实际，在学生实习、产学研等方面开展全方位、多层次、宽领域合作。本次东莞理工学院城市学院组建"大学生融媒体服务队"也是其中的育人项目之一。

二、广东省大学生暑期"三下乡"成效与意义

截至2022年，大学生暑期"三下乡"活动已经开展了25年，除了具备鲜明的时代特点之外，近年来，大学生暑期"三下乡"活动还体现出以下特点。

一是党建指导作用鲜明，红色元素丰富。大学生实践队伍通过组建临时党支部、

---

① 多彩乡村调研⑧丨师生齐参与，用融媒体推广新丰县乡村振兴［EB/OL］．（2021 - 08 - 04）．https：// static. nfapp. southcn. com/content/202108/04/c5600663. html.

团支部形式，充分利用当地红色资源，开展形式多样的主题教育体验学活动，如参观爱国主义教育基地、重走长征路、重温入党誓词等。在实践开展中，也注重思政元素的融合。仲恺农业工程学院"仲有爱"三下乡志愿服务队全体队员在于英德市鱼湾村参观的红色革命遗迹——鱼湾苏维埃政府旧址前听驻英德市东华镇重新村第一书记罗顺兴授课。广州大学逐梦"黔"行实践队派出34名师生赴贵州黔南布依族苗族自治州，给当地小学生送上一系列特别的"思政课"。

二是专业特色突出，将论文写在祖国大地上。高校学生结合自身专业优势，不断拓展暑期"三下乡"社会实践的深度和广度，真正将"为群众办实事"落在实处。精准对接乡村需求，以实践促专业，将知识技能通过实践不断巩固，用以促学。华南农业大学派出10名师生到新疆生产建设兵团第三师，深入塘头指导科学养殖，协助机关单位开展基层工作，走进图书馆推进电子信息化，考察农地规划情况并提出专业意见等。广东省中山大学光华口腔医学院发挥专业特长，组成"中山大学爱牙护齿口腔健康服务队"，赴西藏林芝开展口腔健康服务活动，在西藏林芝地区开展口腔健康宣讲、义诊和流行病学调查，并将结果发表在核心期刊上，弥补了当地的数据空白。

三是注重形成合力，高校间互相配合氛围初步形成。随着各高校"三下乡"队伍的逐渐增多，同一乡村可能会有多支队伍开展社会实践。为了减少乡村接待成本，鼓励学生发挥自身主观能动性，在每年的暑期"三下乡"社会实践中，各地"三下乡"主管部门围绕专项计划组织重点团队，选举其中一所高校作为团长单位，负责统筹活动开展。广东轻工职业技术学院及华南师范大学、广东医科大学、深圳大学、北京理工大学珠海学院五所高校6个实践队伍共112名师生组建四川甘孜实践团，开展专题调研、理论宣讲、文化扶贫。清远实践团中华南农业大学、广州中医药大学、广东工业大学、仲恺农业工程学院、广东第二师范学院、广州商学院六所同时在当地开展实践活动的高校联合举办了"不忘初心，牢记使命——大学生下乡促扶贫扶志扶智"文艺会演，受到当地群众热烈欢迎。

四是注重品牌打造，提升社会实践延续性和影响力。在长期的暑期"三下乡"社会实践中，各高校也形成了一些具有社会影响力、广受服务单位好评的品牌活动。例如，广东外语外贸大学"传承红色基因，重走初心之路"暑期"三下乡"品牌活动，每年在全校设立多支实践队伍学习研读习近平总书记不同时期著作，分赴陕西梁家河、河北正定、福建宁德及浙江嘉兴等地区，开展学习实践和调研活动。

五是重视安全保障。尤其是在疫情常态化防控要求下，对大学生乡村社会实践的保障愈加重视。建立了"教育部门—高校—院系—队伍"的多级保障系统，形成了"日报平安，周报情况"的工作制度。各高校切实履行安全主体责任，把好"行前关"，重视过程管理和实践宣传。出发前组织动员培训，为学生购买保险，按要求全程配备指导老师，积极主动与村干部、支教学校对接，队伍每日进行动向反馈及总结。

从活动效果上来看，大学生暑期"三下乡"活动不仅在服务乡村振兴中发挥了积极的作用，而且也进一步提升了大学生综合素质和实践能力。自举办以来，大学生暑期"三下乡"活动受到新闻媒体和社会各界的高度评价，得到党和国家领导人的极大关注。① 同时，根据相关访谈调研，对参与学生而言，参与暑期社会实践不仅是服务乡村，还能巩固专业知识、增长文化见识、同其他院校学生进行交流。而且在乡村社会实践中，能充分帮助学生认识到社会主义制度优越性，激发出对祖国的热爱和自豪感，在促进学生个人成长的同时，也将个人的感受转化为社会责任感和家国情怀，形成较为立体的教育体验。

三、大学生暑期"三下乡"经验总结与发展建议

（一）大学生暑期"三下乡"的经验总结

当前广东省大学生暑期"三下乡"社会实践可以从省级示范引领和高校创新两个层面进行总结。

在省级示范引领层面，目前大学生暑期"三下乡"已经形成统一的方案指引，每年根据中央宣传部、中央文明办、教育部、共青团中央、全国学联五部委联合发出的通知，省教育工委、团省委等形成对应的方案下发。每年遴选"三下乡"活动示范项目和优秀团队、个人等。在两微一端设立专题专栏，宣传优秀队伍事迹和优秀实践团简报，激励引导更多高校重视暑期"三下乡"社会实践工作，同时在高校层面评选"优秀组织奖"，给予高校对应的经费支持。在省级层面，统筹开展重走习近平总书记考察路线、多彩乡村宣讲活动、普通话推广等精准关爱活动等，切实在服务乡村之中让学生能力得到发挥与提升，注重学生参与度和认知度。同时在省级层面进行校地合作、高校组团，确保了实践与乡村振兴的良好衔接。但也要看到各校对于暑期"三下乡"社会实践队伍和指导老师培训不足，相关单位对高校队伍的管理仍然停留在报送数据层面，没有实时指导；指导老师相对集中在学工队伍、团委队伍层面，高水平教师队伍参与比例较低；目前指导一般为实践前培训，缺少实践中遇到具体问题的应对指导，以及队伍与队伍直接的经验交流。此外，虽然大部分实践活动开展地教育部门及地方给予支持、配合暑期"三下乡"社会实践，但是仍然感受到部分部门参与热情不高，在协助队伍与基层机构联系方面具有畏难情绪。其原因一方面是认为高校学生服务地方的能力有限，难以给予有效建议；另一方面是把实践活动作为额外的工作任务。

在高校创新层面，高校开展暑期"三下乡"社会实践多采用项目式的方式，这样

做能够有效鼓励学生自主选题，充分发挥学生主观能动性；同时也会采用项目竞投的方式，有利于配置和组合优质资源，便于优秀项目的推选。但也存在一些问题：一是学生对社会实践的认识不够，高校对暑期"三下乡"社会实践"育人"作用认识不够，部分参与社会实践的学生将旅游和乡村调研混为一谈，高校对育人成效的评价指标相对单一。二是暑期社会实践需要服务和资金的双重投入，部分高校因为资金有限，选题精准、质量较高的社会实践队伍配置的资源有限，导致学生在社会实践中获得不够。需要进一步从学校中心工作出发，明确社会实践特点，从而配置资金和人力资源。三是在项目化运营中，高校实践队伍虽然有一定延续性，但是在队伍品牌打造方面仍然有所欠缺。由于暑期"三下乡"社会实践具有较强的时代性，每年主题相对较为明确，部分队伍往往对主题理解不够，缺乏转型意识，存在固守之前的实践方式、与乡村发展的现状脱节等情况。

（二）大学生暑期"三下乡"的发展建议

一是要坚持育人导向、突出价值引领，做好全省暑期"三下乡"社会实践规划。在现有基础上，要形成"市（县、区）出题、省级规划统筹、学校整合实施"的长效运行机制，明确暑期"三下乡"服务地方发展和提升实践育人成效的目的。要加强横向沟通协调，搭建交流和分享平台，推动校地、校校两方面资源共享。加强培育一批专项暑期社会实践项目，鼓励各校开展专项社会实践项目的开发。运用项目管理的方法，重视过程中的管理，做好进度跟进和后期的经验总结。加强队伍指导老师的培训，鼓励高水平教师担任大学生乡村社会实践指导老师。引导辅导员主动学习乡村振兴相关文件，将思想教育、专业指导、职业发展等育人工作运用到社会实践中，切实推动"三全育人"。

二是要以学校为实践平台，完善大学生暑期"三下乡"社会实践运行机制。要结合高校实际，建立"校—院"两级项目管理体系。例如，可由校级设立项目，鼓励学院申报，对申报成功的学院给予资金支持。在校级层面，完善相关制度建设，包括遴选制度、管理制度、安全制度等，要形成一定的评估考核制度，坚持正向激励，引入竞争性激励机制。在院系层面，要发挥好辅导员工作室、学院党团组织、学生社团组织的作用。发动教师力量，推动专业课程与乡村振兴实践相融合。对具备良好基础的项目，要坚持投入资源，打造品牌，鼓励形成有深度、有系统的论文、调研报告等，服务地方发展，提升师生在参与暑期"三下乡"社会实践过程中的积极性，切实收获成长、取得成效。

三是要融入劳动教育元素，以帮助学生树立良好的劳动观和就业观为导向。不少学生从小生活在城市中，主要任务是读书学习，对农活、家务活接触较少，对劳动重要性缺少共鸣，进而对学生就业产生影响。稳定就业、鼓励学生养成良好就业观对社会繁荣、政治稳定存在一定影响。通过社会实践，学生远离父母家人，走出教室校园，扎根祖国大地，了解稼穑艰难，进而明白劳动精神，锤炼劳动技能，养成劳动习惯，感受劳动美丽。

四、大学生参与暑期"三下乡"社会实践的一般流程

按实践进程，大学生参与暑期"三下乡"社会实践可以分为前期策划、项目报备、行前培训、中期开展、后期总结五个部分，以下重点对前期策划进行介绍。

前期策划是把握调研主线、确定活动可行性、保障实践顺利开展的重要规划，是暑期"三下乡"社会实践开展前的重要准备。策划并没有固定的模板或者格式，通常包含以下七个部分。

1. 标题。暑期"三下乡"实践题目应简洁明确、一目了然。题目可以反映实践内容，如"水云轩小学义教策划书"，也可以体现一定的观点。

2. 社会实践活动背景及活动目的。该部分通常是政策背景，以及发起暑期"三下乡"社会实践的原因。通常需要结合暑期"三下乡"当期的主题进行阐述和解读。

3. 实践地点选取及预计开展时长。实践地点的选取要充分考虑到可行性和安全性，在确定实践地点和时长时要充分进行调研了解，并和指导老师沟通。对大学生而言，不建议选取过于偏僻、道路崎岖、水电网络难以保障的乡村开展活动。在选取实践地点时，最好同调研当地取得联系并得到当地的支持。

4. 队伍组建情况。该部分可包括队伍组建机制、队员的选拔制度，以及招收流程、人员构成、队伍框架、人员基本情况介绍等内容。

5. 实践主要内容。社会实践活动内容是策划书的主要部分。本部分要较为翔实地介绍从事该项社会实践活动的过程、主要工作内容并突出印象深刻的环节。要对社会实践活动的方式和手段进行罗列，并详细阐释社会实践活动的计划安排。

6. 后勤保障及宣传工作。这部分要对开展社会实践需要的资源和财务支出进行预估。要充分利用线上线下多种形式开展暑期"三下乡"社会实践的宣传，及时报道一线动态。从实践过程中确保实践开展安全、有序。

7. 应急情况处理方案。应急情况处理方案就是对暑期"三下乡"社会实践中产生的突发情况，如成员生病、发生台风暴雨等不可抗力等，采取的应对措施。

在完成前期策划后，需要向所在学校或学院进行报备。通常学校或学院会对暑期"三下乡"项目策划书进行审核，一般而言审核的要素包括实践主题、队伍人员、实践可行性及安全性、实践费用支出、实践预期成效等。同时学校或学院需要做好暑期"三下乡"社会实践队伍的信息收集，确保队伍人员信息准确，保障队伍人员的安全。

通过学校或学院遴选，队伍需要参加相关行前培训，行前培训通常包括集中培训

和队内培训两方面。集中培训往往由学校组织，培训内容包括但不限于：社会实践基本知识、社会实践安全事项、调研基本方法、问卷设计方法、新闻及报告撰写、摄影及视频拍摄等方面。队内培训往往由队伍成员或指导老师，就相关要求、前期准备、乡风乡俗和行程安排进行说明。培训工作是暑期"三下乡"社会实践不可缺失的重要环节，也是持续打造暑期"三下乡"社会实践品牌的重要方法。对于一些具有传承性的暑期"三下乡"社会实践项目，也可以邀请已经参与过的同学进行分享和总结。

开展暑期"三下乡"社会实践，同样也是一个组织集体活动的过程。乡村社会实践往往路程较长，在确保安全的情况下，队伍要合理设置集合点，定时清点人数。在出行前，要有相对完善的日程安排，有调整时要及时通知参与人员。建议各队伍要明确人员工作安排，服从队长或指导老师管理，避免单独行动。每日结束社会实践后，要及时复盘当日社会实践内容，并对次日工作进行说明。队伍要尊重当地民俗文化，积极主动和当地政府部门进行对接。遇到冲突时，要及时寻求政府、公安部门、学校帮助。在社会实践中，可以采用走访群众、听取口述、查阅资料、召开座谈会、问卷调查等方式进一步丰富社会实践内容。在过程中要注意留存好照片影像，方便后期开展宣传工作。

第三节　大学生中长期乡村实践经验总结
——以西部计划、"三支一扶"和山区计划为例

在大学生乡村社会实践中，大学生中长期实践是另外一个重要组成部分。与"三下乡"社会实践侧重于了解国情相比，大学生中长期实践更加侧重培养直接服务乡村人才。在这些中长期乡村实践服务中，西部计划、"三支一扶"、山区计划得到党中央、国务院和各级省政府高度关心与重视。习近平总书记曾多次作出批示或给西部计划志愿者回信。这肯定了志愿者们在西部地区辛勤耕耘、默默奉献，为当地经济社会发展、民族团结进步作出了贡献，勉励越来越多的青年人以志愿者为榜样，到基层和人民中去建功立业，让青春之花绽放在祖国最需要的地方，在实现中国梦的伟大实践中书写别样精彩的人生。

一、西部计划、"三支一扶"和山区计划实施现状

2003 年团中央、教育部组织实施大学生志愿服务西部计划。2003 年 6 月按照公开招募、自愿报名、组织选拔、集中派遣的方式在全国共招募了 6000 名普通高校应届毕业生到西部地区 12 个省份和湖北、湖南以及新疆生产建设兵团等 191 个贫困县开展为

期 1~2 年的教育、卫生、农技、扶贫以及青年中心建设和管理等方面的志愿服务工作。志愿者服务期满后鼓励其扎根基层或者自主择业和流动就业。同年，广东省也开展了大学生志愿服务山区计划（以下简称山区计划），招募应届高校毕业生到韶关、清远、河源、梅州等经济欠发达地区从事 1~3 年的支教、支农、支医、开发性金融等志愿服务工作。2004 年在 2003 年项目实施的基础上国家项目继续招募了 6000 名志愿者，有 18 个省份结合自身的实际纷纷推出并实施了省级的"西部计划"项目。2005年，中华人民共和国中央委员会办公厅、中华人民共和国国务院办公厅制定了《关于引导和鼓励高校毕业生面向基层就业的意见》，从 2006 年开始连续五年，每年招募两万名高校毕业生，安排到农村从事 2~3 年的"三支一扶"工作，并鼓励服务期满的大学生扎根基层。①

【案例阅读】

"中国青年五四奖章"获得者邵书琴②

1991 年出生的邵书琴是广东乐昌人，毕业于广东外语外贸大学（以下简称广外）。2013 年 4 月，当时在读大四的邵书琴在校道边偶然瞥见大学生志愿服务西部计划的宣传海报，便决心放弃去外企工作的机会，奔赴边疆。当年 7 月，邵书琴独身前往新疆托云牧场开始为期一年的志愿服务。服务期满，邵书琴选择继续扎根边疆，在托云牧场社区基层工作，曾获第 22 届"中国青年五四奖章""新疆生产建设兵团优秀志愿者""第三师图木舒克市优秀志愿者"等。

2013 年 7 月，带着"揭开南疆神秘面纱"的夙愿和"做一件一辈子难忘的事情"的闪念，邵书琴从广州来到了离家万里之外的新疆托云牧场。托云牧场地处高原，三面都是戈壁滩，物质匮乏，自然环境恶劣。自诩"已做好充足准备"的邵书琴刚来到这里，也不免有些失落和担忧。这里处处戈壁，起风时黄沙漫天，方圆几里都没有一个商店，买菜需要到六公里之外的口岸去买。菜色很单一，几乎都是白菜、胡萝卜、土豆一类方便贮存的蔬菜。因语言不通，和当地柯尔克孜族人很难交流。"这些都是去之前没有想到的。"邵书琴说。

援疆期间，邵书琴主要负责当地基层事务，并利用工作之余到牧场学校给孩子们上梦想公开课，给他们带来牧场以外的生活见闻。为了更好地融入当地生活，她学会了柯语日常用语，了解柯族民风民俗，参加柯族人家的婚庆歌舞……这惊人的适应力

---

① 张旭东，夏徽. 高校毕业生三支一扶政策发展的 SWOT 战略选择与对策——以黑龙江省为例［J］. 黑龙江高教研究，2012，30（12）：83-86.

② 身边的榜样｜"最美志愿者"邵书琴：扎根西部　绽放青春［EB/OL］. (2019-04-19). https://www.12371.cn/2019/04/19/ARTI1555663418594544.shtml.

让人敬佩不已。

服务期满后,她主动申请继续留在牧场工作。毕业于广外的她,利用自己的专业优势,牵头运营当地青年创业就业电子商务孵化基地,助力职工群众多元增收,连年被牧场党委评为"先进工作者""三八红旗手""爱岗敬业女干部""民族团结先进个人"。作为社区党支部书记,在她的带领下,社区支部战斗力明显增强,社区维稳、脱贫、增收、民生的各项工作任务都得以顺利完成。

"能亲身参与到托云牧场的每一处变化,那我自己的这份工作就值得。"邵书琴反复强调与托云牧场共成长给她带来的信念和成就感,认为这是最有价值的事。邵书琴的故事经媒体报道之后,她收到了各地年轻人来信,来信者称被她感动,也想到新疆做志愿服务。这些受邵书琴故事触动的年轻志愿者,有的选择来到新疆支教,也有的像邵书琴一样,来到新疆基层扶贫岗位、基层青年岗位工作。"新疆最缺的是人才,我的故事能让年轻人到新疆来,并给他们一些坚持下去的力量,这对我来说很有意义。"邵书琴感慨。

在乡村中长期社会实践中,受援单位大多对学生持欢迎态度,在按期结算生活补助、签订服务协议手续、办理相关保险等方面给予了较大的支持,受援单位也能积极主动帮助学生解决工作、生活和学习等方面的困难。目前西部计划的服务地多在新疆、西藏、云南、广西、贵州等地,如贵州龙里县、新疆生产建设兵团第三师图木舒克市、西藏自治区林芝市、新疆维吾尔自治区喀什地区疏附县等。山区计划多为省内经济相对偏低的城镇乡村,如广东河源连平县上坪镇。

西部计划按照服务内容可分为乡村教育、服务乡村建设、健康乡村、基层青年工作、乡村社会治理、服务新疆、服务西藏七个专项。

1. 乡村教育,主要侧重师范类专业,或者有赴西部支教梦想的学生,主要工作为在乡镇及以下中小学从事教学等基础教育工作。

2. 服务乡村建设,主要侧重涉农、涉林、资源环境、信息技术、电子商务等专业,主要工作为在乡镇及以下农业、林业、牧业、水利等基层单位参与农业科技与管理、现代农民培育、乡村公共基础设施建设等工作。

3. 健康乡村,主要侧重医学类专业,主要工作为在乡镇卫生院、村卫生室等乡村基层医疗卫生机构从事卫生防疫、监测、管理、诊治、关爱乡村医生等工作。

4. 基层青年工作,主要侧重学生干部,主要工作为在县级及以下共青团、青年之家、团属青年社会组织从事团的基层组织建设、基层党务、促进就业创业、预防违法犯罪、志愿服务等青年工作。

5. 乡村社会治理,主要侧重法律、经济、中文、社会工作、行政管理、历史、政治、体育等相关专业,主要工作为在乡镇部门单位和乡镇社会工作服务站、养老服务设施等，围绕乡村社会稳定、乡村民生改善、乡村养老育幼、乡村人居环境治理、乡村儿童关爱、乡村文化、乡村体育、平安乡村、乡村社区治理、乡村普法宣传等乡村基本公共服务和公共事务开展工作。

6. 服务新疆，主要侧重愿意去新疆奉献青春的学生，主要工作为围绕新疆和兵团经济社会发展需要，在县乡基层单位参与乡村教育、服务乡村建设、健康乡村、基层青年工作、乡村社会治理等工作。

7. 服务西藏，主要侧重愿意去西藏奉献青春的学生，主要工作为围绕西藏经济社会发展需要，在县乡基层单位参与乡村教育、服务乡村建设、健康乡村、基层青年工作、乡村社会治理等工作。

西部计划实施多年，截至 2021 年，已累计招募派遣 37 万余名大学生志愿者到中西部 22 个省份及新疆生产建设兵团的 2000 多个县（市、区、旗）基层服务。①

山区计划主要围绕产业振兴、人才振兴、文化振兴、生态振兴、组织振兴等方面开展乡村振兴志愿服务，通常包含驻镇帮扶工作服务队、乡村教育服务（包含"希望乡村教师计划"）、乡村学校社会工作服务（包含"一校一社工"）等方面。

"三支一扶"是各省各地自行招聘毕业生，到当地相对落后地区进行支教、支农、支医和扶贫工作。与西部计划的区别在于：一是牵头单位不同。西部计划由团中央进行牵头，"三支一扶"由人社部牵头。二是定位不同。西部计划更多的是志愿服务性质，鼓励学生在实践中获得成长；"三支一扶"更多的是作为就业的一部分，因此对于"三支一扶"的参与者在服务期满考核合格人员自愿留在服务单位的，可以加入事业单位。同样，因为定位不同，西部计划突出择优录取，只开放给部分高校，需要高校进行遴选推荐，而"三支一扶"面向所有高校毕业生，不需要学校推荐，可以自主报考。

但是总体而言，中长期乡村实践核心都是为相对落后地区提供人才储备，以带动基层机构活力和服务能力。

【案例阅读】

山区计划"一校一社工"志愿者朱慧伶②

朱慧伶，女，1997 年生，中共预备党员，山区计划"一校一社工"志愿者，现为广东外语外贸大学社会工作专业在读研究生。在新冠疫情期间，利用自身英语特长，

---

① 2021 年西部计划 26 个问与答 [EB/OL]. (2021 - 09 - 16). http：//xibu. youth. cn/wxqk/qwd/202109/t20210916_13224063. htm.

② 朱慧伶：用爱唤醒爱，做乡村孩子的"小朱姐姐" [EB/OL]. (2022 - 04 - 29). https：//www. gdufs. edu. cn/info/1106/58089. htm.

参加广州市海珠区机场转运及翻译的志愿服务。2020年8月，选择休学一年参加山区计划"一校一社工"项目，服务于茂名信宜市北界镇中心学校，发挥社工专业优势，为乡村孩子们提供专业的驻校服务和心理支持，包括儿童性教育、弱势群体关爱、生命教育等课程，直接服务三万多人次，策划及开展关爱留守儿童活动100余场。同时，她对镇上各个中小学教师开展儿童性教育培训，制定规划方案，把方法教授给当地老师，共同带动全镇儿童性教育的发展。此外，她利用新媒体链接社会资源，帮助6所村小重建图书室。朱慧伶获评广东省五星志愿者、第十三届中国青年志愿者优秀个人奖。

2020年8月，新冠疫情得到稳定控制，朱慧伶怀着最初的梦想休学一年参加了广东省山区计划，成为一名"一校一社工"志愿者，带着心中的理想主义，来到了茂名市信宜市北界镇。

刚来到学校不久的她为了让学生能够更加方便地找她寻求帮助，想到了开设一个社工信箱。在通信的过程中，她是学生们的朋友，是他们的倾听者、支持者。她想，也许她无法成为学生们的圆梦者，但她却可以是筑梦者，帮助他们去成为一个更优秀的人。

在信箱里，她知道了孩子因为父母离婚或和同学吵架而备受困扰。她耐心疏导学生，努力帮助他们走出困境。与此同时，她也得到了同学们的信任。

为了让孩子们能收获到应试教育之外的知识，慧伶努力争取到了每周一节的社工课。面对留守儿童，她开展了一些关注当地学生真实需求的课程。普法教育、性教育等容易被乡村教育所忽视的课程就这样被慧伶带到了课堂及课余的活动中。朱慧伶的社工课堂超过百节，服务了5000多人次。更多的山区儿童因此了解到课本外的知识，寻找到自己的兴趣。

"小朱姐姐，爸爸妈妈在家会带我买书，但他们都外出工作了，爷爷奶奶也没时间带我去买。""小朱姐姐，可以借你的书看吗？我家人只给我看语文数学英语，他们说课外书没有用。"村里小学孩子们的提问让朱慧伶毅然决然地开始重建村小学图书室。她撰写了文章利用互联网开展筹书活动，并链接了公益组织帮扶村里小学图书室。一个不起眼的志愿者的努力最终获得了各界爱心人士的关注，关注量2万多，转发量一千多次，共支持到6个村小图书室，筹集图书5000多本、体育用品文具500多件。

在粤西山区服务的同时，慧伶把她驻校社工日常拍成视频，把驻校生活的经历和感悟在社交平台上进行分享和传播，获得了大量网友的关注。她的事迹被西部计划全国项目办、广东卫视、羊城晚报等媒体报道，并获得了广东省五星志愿者的称号。

二、大学生中长期乡村实践成效与意义

大学生中长期乡村实践作为实践育人工程，引导具有理想主义情怀的青年人，通

过基层实践进一步坚定理想信念，锤炼意志品格，升华志愿情怀；作为就业促进工程，引导和帮助高校毕业生树立正确的就业观，并为他们搭建干事创业的通道和平台；作为人才流动工程，鼓励和引导东、中部大学生到西部基层工作生活，促进优秀人才的区域流动。

（一）大学生中长期乡村实践有助于提升基层机构服务能力[①]

西部计划、"三支一扶"和山区计划招募对象主要为普通高校本科及以上学历高校毕业生，是有知识、有文化的青年人士。大学生到农村基层工作，一是可以提升基层机构的整体文化水平。农村人才匮乏，工作人员一般学历较低，且知识技术更新换代落后。大学生作为高学历知识分子，可以为落后闭塞的基层机构带去更多现代知识和现代技能。二是可以为基层机构带去新的活力。大学生正值青春年华，有热情，有干劲。而农村服务机构工作人员整体年龄偏老化，体力精力有限。大学生中长期乡村实践可以为老化的农村队伍带去新的血液与活力。三是可以带去新的思想。大学生接受的是现代化教育，思想比较开放、观念比较现代、想法更加多元，而基层工作人员一般思想比较落后和狭窄，大学生可以为基层机构带去更多新的经济、文化等思想。

（二）大学生中长期乡村实践有助于补充基层人力资源

基层服务机构人才匮乏、队伍老化、文化水平低只是农村社会各项事业缺少年轻、高素质人才的一个典型。与地处偏僻、经济落后、交通闭塞的农村相比，很大一部分学生毕业后选择经济发达、物质丰富、交通方便、机会较多的大城市。还有一部分学生，他们愿意回到农村，可是却找不到适合自己的工作和岗位，只能对农村望而却步。西部计划、"三支一扶"和山区计划无疑为这部分有志于基层、有志于农村的高校毕业生提供了一个很好的机会。很多学生通过西部计划、"三支一扶"和山区计划留在了当地基层事业单位或考取了当地基层公务员，还有的依靠就业扶持政策在基层创业或找到了其他工作。这些中长期乡村实践项目提供了大学生回到基层的桥梁和平台，为基层吸引了大量优秀人才。这些高素质人才投身到基层各项社会事业，极大地推动了农村各项社会事业的发展，有利于社会主义新农村建设。

（三）大学生中长期乡村实践有助于带动地区社会效益

大学生赴西部地区、相对落后地区开展社会实践，有效促进了西部大开发、乡村振兴等战略的实施。除了直接的岗位服务之外，受援单位也可以在创新精神与科技意识上形成一种良性的"滚雪球"效应。大学生实践者可以优化当地的干部结构、人才

[①] 黄丽萍. 湖北省"三支一扶"计划实施现状、问题与对策分析 [D]. 武汉：湖北大学，2017.

结构，使得地区形成爱才用才育才的良好氛围，在社会经济的整体环境和发展观念上也得到全新的突破。

三、大学生中长期乡村实践经验总结与发展建议

（一）大学生中长期乡村实践的经验总结

在大学生中长期乡村实践中，组织和社会都给予了参与实践的大学生认可和一些政策性的利益，也出现了一大批优秀的青年志愿者。对大学生本身而言，在开展社会服务过程中自身也得到了磨炼，实现了自我的价值。但是同时也需要关注到参与这些项目的志愿者存在怕吃苦怕累、功利以及由于理想和现实冲突引发的挫败感。仍然有一部分参与实践人员在服务期满后陷入失业的困境。另外，家庭对大学生参与中长期乡村实践的支持不够。由于这些中长期乡村实践无法明确未来的出路，部分家庭存在一定的顾虑，也对大学生参与中长期乡村实践起到了一定阻碍作用。最后，在众多中长期乡村实践的参与青年中，最终留下服务当地的人数比例仍然较低，绝大多数学生将服务经历视为一次难得的人生体验。

在大学生中长期乡村实践政策制定层面，为了保证这些乡村实践项目的开展，目前已经有较为完善的政策和资金支持，在服务到达一定期限且考核合格后，给予报考硕士研究生初试加分、参加部分机关事业单位考录（招聘）给予倾斜、服务期可开展职称评定等优惠政策。但同时也存在一些问题：一是统一招募、二次分配定岗，可能会导致参与项目学生专业与工作不对口现象。而在用人单位之间也存在临时抽调志愿者现象，导致人员借调局面更加复杂。二是培训工作与地方特点脱节，学生在到达地方后对当地实际情况不了解，适应过程较长，进而影响工作的开展。三是缺少必要的心理疏导机制，中长期乡村实践是一个漫长的身心锻炼过程，对于刚刚参与项目的学生而言，与单位同事存在身份上的差异，与服务地群众还未建立良好的联系，往往需要在孤独中克服困难，在寂寞中独自成长。这个关系处理不好，也会影响学生的服务过程和服务后的选择。

（二）大学生中长期乡村实践的发展建议

一是要做好职业规划，在服务过程中回归志愿初心，强化大局意识，提高综合素质。大学生中长期乡村实践项目往往被赋予促进大学生就业作用，然而，从参与学生意愿出发，学生往往认为自己是志愿者，而不是从业者。大学生参与这些项目，是因为国家需要，因为胸怀祖国、服务人民的热情，以及渴望到西部去锻炼自己、丰富阅历。这些项目不能仅仅被认为是解决大学生短期就业的权宜之计，而是应该真正鼓励大学生养成踏实作风，不要急功近利，将祖国的发展放在首位。要加强对参与项目实

践学生的岗前培训，帮助学生早日顺利完成职业转换，尽快熟悉和了解地方情况，使得学生能够感受到中长期乡村实践带来的获得感和成就感。

二是要持续改善服务学生的工作生活环境，进一步提高待遇，加强人力资源配置的合理性。要将解决实际问题放在重要位置。建立畅通的沟通渠道，解决服务学生的生活、工作问题，这样才有利于服务学生积极工作。要积极探索大学生定岗定编新渠道和新举措，减少服务学生与服务单位正式员工之间产生的岗位认识和待遇差异，增加服务学生补贴，提高服务学生的实际利益，激发学生的才能，这样才能有效带动服务单位管理技术的优化，为服务地区注入新的活力。在服务期满之后，要跟进服务学生的就业、深造等后续问题，强化优惠政策落实，降低服务期满后的不确定因素，进一步提高家庭、社会对参与相关项目学生的支持。

三是要鼓励高校探索大学生中长期乡村实践的新模式，优化就业指导体系，为乡村振兴提供特色实用型人才。高校的主要社会职能就是提供适合地方经济社会发展的人才。在高校毕业生中参与乡村振兴的学生占比仍然较小。高校发展的步伐普遍落后于产业结构的调整，培养的学生并未由"学历型"向"能力型"转变，尤其缺乏根据乡村基层岗位设置的专业或课程。国家对西部计划、"三支一扶"和山区计划的实施充分说明了基层地区往往需要大量的专业人才。但是学生愿意参与这些项目，往往在于高校就业指导体系的引导。因此，高校要有计划地开展乡村振兴相关职业的生涯发展规划。可以采用同基层岗位建立实习生培养或体验制度，也可以加大相关政策在校园的普及和宣传力度，帮助大学生认识到在农村工作一样可以实现人生价值。

四、大学生参与中长期乡村实践的方式及保障

大学生在参与西部计划、"三支一扶"和山区计划方面都有明确的指引。相关政策包括《关于进一步引导和鼓励高校毕业生到基层工作的意见》《关于统筹实施引导高校毕业生到农村基层服务项目工作的通知》《关于印发〈2021－2022年度大学生志愿服务西部计划实施方案〉的通知》以及《中共广东省委办公厅、广东省人民政府办公厅印发〈关于进一步引导和鼓励高校毕业生到基层工作的实施意见〉的通知》等有关文件规定。本部分以西部计划为例，详细说明大学生参与中长期乡村实践的方式及相关保障。

西部计划主要面向教育部2015年公布的《全国普通高校名单》中所列高校本专科应届毕业生或在读研究生。不在名单范围内的高校应届毕业生、在校生、往届生、部队院校毕业生、海外留学毕业生暂时不在招募范围之内。报名遵循自愿原则，在符合西部计划体检要求后需要经过一定的选拔。选拔时会充分考虑服务地点、在校表现、志愿服务经历、学生干部经历等。志愿者在报名期间，需确定服务省和服务专项类型

的意向，在报名结束后，招募省项目办将根据所辖各高校项目办的报名情况与有关服务省协商确定具体招募人数和岗位类型，同时由服务省通过西部计划管理系统向招募省分配服务岗位，最终由招募省根据本省实际情况开展岗位对接工作，并在每年6月前公示入选名单。具体服务岗位由各地项目办在志愿者到达服务地后根据志愿者所报意向并结合志愿者专业特长统一协调分配。

国家为西部计划志愿者提供了相应的保障机制。

在政策方面，相关部门相继出台《关于进一步引导和鼓励高校毕业生到基层工作的意见》《关于统筹实施引导高校毕业生到农村基层服务项目工作的通知》《关于做好艰苦边远地区公务员考试录用工作的意见》等有关文件。文件规定了以下内容。

在就业方面，每年志愿者服务期满前，西部计划全国项目办以发文形式通知各服务地做好就业服务工作，并推动服务期满志愿者在公务员招考、事业单位招聘、工龄计算、自主创业、户口档案迁移等方面的政策落实。服务县项目办通过各种渠道和平台为志愿者提供就业信息；并积极协调职业技术培训机构做好志愿者职业技能培训工作、职业生涯规划指导。各高校项目办将未就业的服务期满志愿者纳入当年毕业生就业工作统筹安排。

在毕业方面，根据《中共中央办公厅 国务院办公厅印发〈关于引导和鼓励高校毕业生到基层工作的意见〉的通知》等相关文件精神，参加西部计划项目前无工作经历的人员服务期满且考核合格后2年内（研究生支教团志愿者自研究生毕业时开始计算），志愿者在参加机关事业单位考录（招聘）、各类企业吸纳就业、自主创业、落户、升学等方面可同等享受应届高校毕业生的相关政策。

在工龄方面，《关于实施大学生志愿服务西部计划的通知》规定，服务期间计算工龄。《关于统筹实施引导高校毕业生到农村基层服务项目工作的通知》规定，各专门高校毕业生到农村基层的服务年限计算工龄。在西部计划实施方案中也明确了志愿者相应服务期满且考核合格的，依实际服务年限计算服务期及工龄，并在服务证书和服务鉴定表中体现。

在考研优惠政策方面，西部计划志愿者服务2年以上，服务期满后3年内报考硕士研究生的，初试总分加10分，同等条件下优先录取。在研究生考试初试成绩公布后，志愿者需凭身份证、服务证、服务鉴定表等证明材料向报考高校的研究生招生部门申请加分事宜。相关高校研究生招生部门需登录教育部系统，下载当年西部计划志愿者考研加分名单，在名单内的志愿者，即可享受加分的政策。志愿者加分后，若遇调剂问题，须请原报考高校研究生招生部门向教育部研招管理平台工作人员提出申请，手动将志愿者信息录入研究生考试调剂系统。

在公务员考试优惠政策方面，按照《关于统筹实施引导高校毕业生到农村基层服务项目工作的通知》有关规定：各省、自治区、直辖市地（市）级以上党政机关录用公务员，坚持"凡进必考"，并明确录用具有 2 年以上基层工作经历的人员比例，县及乡镇机关要拿出一定职位，专门招考到村任职等专门项目的大学生。各专门项目毕业生服务期满且考核合格，同等享受各省、自治区、直辖市地（市）级以上党政机关录用公务员优惠政策。就目前实际情况来看，服务期满 2 年且考核合格的西部计划志愿者均可享受国家公务员考试的有关优惠政策，具体情况以当地招考公告为准。

在资金方面，中央财政安排西部计划专项资金，为西部计划的顺利实施提供财力保障。根据《关于实施大学生志愿服务西部计划的通知》《关于做好 2004 年大学生志愿服务西部计划工作的通知》《关于引导和鼓励高校毕业生面向基层就业的意见》以及《国务院办公厅关于加强普通高等学校毕业生就业工作的通知》有关精神，志愿者服务期间中央财政给予一定补贴。生活补贴为每人每月 680 元，同时根据所在服务地享受艰苦边远地区津贴（按照人事部、财政部《完善艰苦边远地区津贴制度实施方案》，全国有 984 个县、市、区被纳入实施艰苦边远地区津贴范围，每月津贴标准分别为：一类区 65 元，二类区 120 元，三类区 215 元，四类区 370 元，五类区 640 元，六类区 950 元），按月发放。

同时，多地也制定"志愿服务西部计划专项资金使用管理办法"等保障专款专用，确保专项经费必须用于志愿者的生活补助、交通补助和人身意外伤害、住院医疗保险等方面的支出。地方各级财政部门也在财力可能的情况下积极支持西部计划的开展，除中央财政补助外，对志愿者生活补贴提高部分、各类社会保险、一次性安家费、培训费等不足部分统一按一定比例由地方分级负担。

第四节　大学生短期乡村志愿服务经验总结

在大学生参与乡村振兴的实践中，短期乡村志愿服务占据重要地位，其在推动乡村社会主义核心价值观的培育和践行方面有着独特优势。大学生在课余时间或放假期间，通过参与"三下乡""返家乡"活动投身乡村志愿服务，为留守儿童提供帮扶教育，为乡村老人送去敬老关怀，为村民开展心理疏导等，这对于推动乡村治理能力现代化和治理体系发展起着积极作用。以下以广东省大学生短期乡村志愿服务为例进行说明。

一、广东省大学生短期乡村志愿服务实施现状

2018 年，共青团广东省委成立广东共青团投身乡村振兴战略领导小组，出台《广

东青年投身乡村振兴战略行动实施方案》，成立文明实践志愿服务队伍，组织志愿者到农村开展理论宣讲、教育文化、科技科普、生产发展、生活服务等方面志愿服务，深入开展包括节日慰问、爱心捐助等扶贫志愿服务。同时，广东省各高校也与贫困村结对组建志愿服务队，广州美术学院师生走进梅州红色村开展墙绘设计，为乡村居民涂绘艺术墙、文化壁，中山大学组织风景园林、建筑等专业学生协助驻村扶贫工作队为部分省定贫困村编制村庄（整治）规划，广东外语外贸大学、华南师范大学、韶关学院等都组织学生与乡村家庭经济困难学子一对一开展"云支教"在线课业辅导。

【案例阅读】

云端上的支教：跨越千山万水，将知识和关爱送到广东青少年身边①

连接网络，屏幕亮起，一些神奇的变化、温暖的互动正在你没有留意到的地方悄悄发生着。打破时空障碍，大学生化身志愿者，在线为农村孩子授课；没有地域、年龄限制，大学生与乡村青少年也能成为知心好友；引进社会力量，同心同向，只为了孩子更好的明天。

一端是城市，另一端是乡村，通过无形的网络，优质的教育资源接连不断地涌向青少年。新时代青年甘于奉献，接过传承的薪火，照亮偏远地区的天空，温暖一颗又一颗心。

2020年以来，广东共青团实施乡村青少年健康成长"两帮两促"行动。聚焦学业，重点推出"青年云支教""定向培优"等项目，为乡村青少年送去知识和陪伴。截至2021年7月，已累计为3695名相对贫困户义务教育阶段子女开展学业帮扶，通过"1+1助学"项目资助相对贫困青少年5932人，为广东省乡村学校提供逾8万节精品课程，惠及逾20万名山区学生。

每到放假，肇庆学院小学教育专业的冯敏怡就开始忙碌起来，上课、答疑、批改作业，一刻不停。"累并快乐着！"有点特别的是，她的学生并不在眼前，而在百里之外的大岗镇上。

此前，响应学院团委的号召，冯敏怡参加了"青年云支教"项目，与上亭小学三年级的郭秋蓉结对，进行线上教学。冯敏怡用生动形象的比喻讲解计算公式，帮郭秋蓉复习巩固数学。原先觉得困扰的算术题，现在郭秋蓉三下五除二就能搞定。

辅导过程中，冯敏怡经常跟郭秋蓉妈妈交流，反馈孩子的学习情况。"郭秋蓉的哥哥今年要小升初了，老师可以帮忙指导吗？"听到电话那头妈妈的请求，冯敏怡没有犹

---

① 广东共青团开展云端支教 逾20万名山区学生受益［EB/OL］．（2021－08－14）．http：//news. cyol. com/gb/articles/2021－08/14/content_OBN6yUW5p. html.

豫，爽快地答应了。彼时，她正处于大四关键时期，面临论文和就业双重压力。但冯敏怡想办法克服困难，每周抽出时间给兄妹俩授课。

回想近一年的线上支教，冯敏怡感触颇多。在她看来，"青年云支教"项目对乡村孩子的影响是深远的。"不仅打破了教育的时空限制，也给他们创造了新的学习平台。"2021 年 6 月，冯敏怡毕业离开校园，选择投身教育工作，将所学所思传递给更多孩子。

二、广东省大学生短期乡村志愿服务成效与意义

（一）广东省大学生短期乡村志愿服务成效

党的十八大以来，随着国家实施乡村振兴战略，短期乡村志愿服务也成为推动乡村振兴的一个重要部分。广大青年参与的乡村振兴志愿服务，涵盖了乡村发展方方面面，其中包含文化宣传志愿服务、教育关爱志愿服务、医疗卫生志愿服务、基层社会治理志愿服务、生态文明建设志愿服务、网络空间志愿服务等。

文化宣传志愿服务方面，广东省持续开展"多彩乡村"主题教育实践活动。鼓励学生返家乡后，深入挖掘传统村落、特色村落、乡村振兴典型村以及优秀传统文化、乡村红色文化、新时代文化等，助力乡村文化和社会主义核心价值观宣传。进一步宣传党的方针政策，倡导文明生活习惯，推动"禁毒""防艾"等知识进乡村。韶关学院组织学生开展基层普法宣传，提升农村居民法律意识；广东外语外贸大学聚焦岭南优秀传统文化和广东乡村振兴战略实施，开展"讲好中国故事"实践服务等。

教育关爱志愿服务方面，关爱农民工子女、留守儿童等，开展陪读、防性侵教育、心理辅导等启智益趣项目；开展"四点半课堂""春雨工程"等，组建志愿服务队赴乡村中小学校开展教育教学、学生辅导、课后服务等。

【案例阅读】

"一路童行"聚焦青少年健康成长①

广东外语外贸大学一路童行团队，立足于国内防性侵教育推广难的现状，致力于帮助社区学校解决开展防性侵教育过程中出现的课程专业度低、师资力量匮乏等问题，并通过打造特色防性侵教育服务体系，赋能社区、学校等组织，对 3～15 岁的孩子及其家长开展防性侵教育，实现防性侵教育的高效推广。

---

① 【校园关注】"一路童行"团队：少儿安全健康成长路上"一个都不能掉队" [EB/OL].（2022 - 12 - 19）. https：//www. gdufs. edu. cn/info/1106/58999. htm.

2019～2021年，一路童行团队和92个社区，185所城市及乡村学校，42个政府机关和社会组织，58个"三下乡"团队及高校志愿者协会达成合作。服务方面，累计开展了337次防性侵活动，1461节教育课堂；产品方面，共售出6758套防性侵教具和桌游。同时，团队搭建了完善的自媒体矩阵，据统计，团队在国内首创的防性侵教育音频播放量达2.6万次，在平台上投放的防性侵教育视频总播放量超10万次。项目累计影响超过300万人次，获得中国新闻网、《中国共青团》杂志以及腾讯公益网等100多家权威媒体的宣传报道。

医疗卫生志愿服务方面，广东医科大学、中山大学等开展急救培训志愿服务等，通过现场义诊、上门义诊、发放知识手册等方式，为乡村居民提供卫生健康服务。

生态文明建设志愿服务方面，广东省开展"河小青""河小二"等志愿者行动，深圳市建立"志愿河长学院"，邀请教授为环保志愿者授课。同时，志愿者深入山区、森林等开展生态保护工作，提升乡村环保观念，传播"绿水青山就是金山银山"理念。

网络空间志愿服务方面，志愿服务组织利用网络、微信、微博等开展文化宣传、社会治理、直播带货等活动。青年在为乡村提供网络资源服务的同时，也带动了乡村社会空间和经济空间的拓展，从而使得社会资源能够更好地向乡村聚集，助力乡村振兴。

（二）广东省大学生短期乡村志愿服务意义

大学生参与乡村志愿服务有以下意义。

1. 大学生参与乡村志愿服务，是宣传社会主义核心价值观、符合乡村社会文明进步需求的重要举措。

在乡村发展过程中，部分村庄可能会片面追求经济利益，忽视了道德和文化方面的约束。同时由于繁忙的工作让村民无暇照顾家庭，村庄空巢老人、留守儿童问题凸显，容易滋生不良习惯，尤其是在儿童假期中时，这个问题尤其突出。大学生可以有效利用自己假期时间，开展乡村志愿服务，传递社会正能量。广东工程职业技术学院组织梅州"三下乡"直播助农实践团队就义务帮助农户销售滞销农产品，队伍采用直播带货、朋友圈转发消息的方式积极倡议，用实际行动带动了互帮互助的良好风气。农村整体文化素养偏低，社会主义核心价值观的凝练相对比较抽象。在帮扶弱势群体、尊老敬老的志愿服务中，帮助村民认识到社会主义核心价值观要从孝悌做起、从友善做起。在普法的志愿服务中，让村民认识到公正、法治是社会主义核心价值观的首要要义。在美化村庄环境的志愿服务中，让村民认识到和谐美丽社会的重要性。

2. 大学生参与乡村志愿服务，是发挥青年创新活力、带动乡村民间组织建设的重要源泉。

目前各地都已经开始建设新时代文明实践中心，新时代文明实践中心作为深入宣传习近平新时代中国特色社会主义思想的重要载体，其主体力量就是志愿者。受制于农村民间力量和公民意识发育不足，乡村中新时代文明实践中心（所、站）等较多由老年志愿者、妇女志愿者参与活动，大学生志愿服务在带给贫困地区农民志愿服务的同时，也能够有效带动地方新时代文明实践中心建设。① 大学生大多学有专业，可以解决当前农村社区管理和服务专业技术人员力量不足的问题。

3. 大学生参与乡村志愿服务，是青年参与乡村治理、增强参与社会发展事务能力、提升综合能力素质的可行渠道。

青年兴则国兴，青年强则国强。青年志愿者通过乡村志愿服务，能够对城市乡村社会有更多的了解，不断丰富社会认知，逐渐加深对中国国情特殊性的理解，为将来进入社会开展工作奠定科学思考的基础。同时，青年在参与乡村振兴志愿服务的过程中，不断接触党政部门，也能够为青年发展提供多样的机会。在大学生参与乡村志愿服务时，也涌现出一批"新上山下乡青年"，在乡村以志愿服务为开端，逐渐走向公益创业，之后投身农村经济社会发展，进而改善农民经济生活。

三、大学生短期乡村志愿服务经验总结与发展建议

（一）大学生短期乡村志愿服务的经验总结

虽然大学生短期乡村志愿服务发展迅速，但目前来看大学生参与短期乡村志愿服务时间段多集中在假期，往往被认为是暑期"三下乡"社会实践活动的一部分。虽然部分高校已经在探索通过"云支教"等方式鼓励大学生利用课余时间参与乡村志愿服务，但在省级层面仍然缺少统一的统筹部门。大学生志愿服务助力乡村振兴的平台仍然亟待建设，由此可能引发以下两个问题。

一是大学生短期乡村志愿服务缺乏连续性。由于志愿服务的无偿性，当志愿服务和大学生生活、学习发生冲突时，往往容易导致志愿服务的中断。针对这种情况，高校应当设置一定的激励制度，例如设立乡村劳动实践学分，或选树相关的榜样给予一定的荣誉激励。此外，高校也应当进一步完善志愿者保障机制，一方面，为志愿者赴乡村开展社会实践配置资源；另一方面，也能对志愿服务项目进行有效管理，对志愿服务效果进行有效评估。同时也更有利于孵化一些乡村公益创业项目，进一步丰富服

① 刘新玲，陈锦萍. 乡村培育和践行社会主义核心价值观的载体研究 [J]. 毛泽东邓小平理论研究，2015 (6): 10-14, 91.

务内容，完善服务外延。

二是与城市志愿服务或校园内志愿服务相比，大学生短期乡村志愿服务缺乏必要的宣传。由于消息发布的不畅通，一些有志于服务乡村的大学生志愿者无法及时获取信息，也不利于这些志愿者形成团队，合力作战。随着乡村振兴工作的推进，农村发展日新月异，乡村遇到的问题也是复合型的问题，只有在信息共享的基础上，才有可能开展跨行业、跨专业、跨部门合作交流。

（二）大学生短期乡村志愿服务的发展建议

一是要突出乡村治理功能。大学生短期乡村志愿服务要紧密联系乡村振兴战略。志愿服务要为乡村社会有效有序管理服务，要承担促进乡村经济和社会发展的责任。要围绕乡村振兴战略的总要求"产业兴旺、生态宜居、乡风文明、治理有效、生活富裕"，做好大学生志愿服务队伍的遴选，遴选一些适合农村发展，能够出实效、出实招的志愿服务项目。在乡村志愿服务中，要发挥志愿者专业化特点，可采用特色专业对接乡村需要帮扶的形式。同时，也要考虑到大学生目前特点，将课程与乡村发展结合起来，利用好互联网开展经常性的志愿服务工作。

二是要推动项目式运行和提供订单式服务。要发挥大学生志愿服务队伍创新性，注重结合区域资源特点和人文特色，因地制宜设计志愿服务项目。开展调研，围绕村民最关心的问题编制志愿服务清单，打造乡村志愿服务平台，注重志愿服务的长效性，统一管理，持续开展资源投入。高校要积极开展和乡村基层对接，采用共建大学生实践活动基地、签订志愿者服务协议等方式，确保志愿者用有所需，切实在乡村振兴中发挥青年力量。

三是要注意大学生短期乡村志愿服务的规范性。加强组织，发挥制度优势，形成完善的志愿者组织管理机构。完善乡村志愿服务制度规范，建立规范化、标准化的乡村志愿服务体系。进一步完善大学生乡村志愿服务的培训、管理、激励、评价、保护机制。

四、通过大学生实践活动基地开展乡村志愿服务

大学生实践活动基地的建立，对开展大学生乡村志愿服务、增强大学生乡村社会实践活动的实效性有着非常重要的作用。有计划地建立一批稳定的乡村社会实践基地，既可以为大学生进行乡村社会实践活动提供重要场所，也有助于乡村社会实践活动效果的提升。

一般来说，融入乡村场景的大学生实践活动基地应该具备以下条件：第一，实践场所相对稳定，一般由高校或高校二级院系与乡村集体、企业等签署协议，确保能持续开展3～5年的实践活动；第二，有稳定的指导教师和辅助人员队伍；第三，有明确的实践

教学的目的和内容；第四，有明确的实践项目安排，能够有效地和学生专业相结合。

与乡村合作开展社会实践活动，建立校地结合的社会实践活动体系，乡村参与到大学生社会实践活动的指导中，既可以为大学生乡村社会实践提供有力的保障和服务，同时也能推动大学生在乡村发展中持续贡献力量，促进大学生乡村社会实践活动的进一步深化发展。

依据实践活动基地功能，可以将大学生乡村实践活动基地分为以下形式。

一是教育类实践基地，主要以结合乡村红色文化元素，对大学生进行爱国主义、集体主义和社会主义教育，历史与国情教育，世界观、人生观、价值观的道德品质等思想情操教育为主。

二是创新创业类实践基地，主要结合乡村发展，提升大学生服务乡村产业发展能力，提高大学生自主创业、充分就业本领，帮助大学生早日成为乡村振兴所需要的高素质、复合型人才。

三是服务奉献类实践基地，鼓励大学生参与志愿服务，以志愿者的身份组成实践服务团队，深入农村开展文化、科技、卫生服务。

在新时代背景下，融入乡村场景的大学生实践活动基地往往朝着集实习见习、就业创业、科研实践于一体的多元方向建立。在大学生实践活动基地的建设过程中，一是要明确建设主体，大学生实践活动要服务地方发展，因此建设主体仍然要以地方为主，大学生要服从安排，明确定位，将自身发展融入地方发展之中，从地方建设需求出发建设多种形式的常态化社会实践基地，努力寻求地方政府和社会的认可与支持。二是要完善联系机制，要本着合作共建、双向受益的原则，与城市社区、农村乡镇、企事业单位、爱国主义教育基地、部队和社会服务机构等建立密切关系。同时，也要做好长期联系、持续发力的建设安排，确保实践基地在建设过程中有沉淀、有积累，力争创建品牌，在育人和地方建设方面找到平衡点。三是要发挥师生特长，根据师生专业优势找准项目，加强基地建设，优化时间环境，与促进地方经济建设和人文发展结合起来，实现多方共赢，使社会实践成为学生全面发展、学校教学改革和地方经济建设的有效途径。

【案例阅读】

"华南师范大学—英德市黄花镇"大学生社会实践基地[①]

英德市黄花镇是华南师范大学"十百千万"干部下基层驻农村工作组的驻地，华南师范大学"十百千万"干部自2005年首批入驻黄花镇放板村以来，围绕省委提出的

---

① 华南师范大学大学生社会实践基地在英德市黄花镇正式挂牌 [EB/OL]. (2007 - 08 - 24). https：//www. gdcyl. org/Article/ShowArticle. asp？ArticleID = 22944.

工作主题，扎实工作，为镇村做了大量的实事好事，例如，引资40多万元完成了驻点村食水工程；整合学校智力资源，为黄花镇做了未来20年旅游规划，黄花镇因此而引进了3.2亿元的旅游投资项目；连续三年联系学校团委"三下乡"服务队到镇、村开展社会实践活动，送科技、文化、卫生下乡，促当地经济文化发展。此次黄花镇社会实践基地正式挂牌，标志着华南师范大学在黄花镇大学生社会实践实现规范化、长期化、品牌化发展。

挂牌仪式后，华南师范大学学生将在接下来的8天时间里于黄花镇开展主题为"情系农村共话和谐黄花新发展"的2007年"三下乡"大学生社会实践活动。本次活动持续8天，内容丰富多彩，主要包括真情支教、创设基地、特色调研、精彩影像、群英论见、创新潮流、趣味运动、网站管理、义务维修、文艺晚会10个项目。参加本次活动的学生队伍相当有特色，分别来自华南师范大学的教育信息技术学院、计算机学院软件学院、音乐学院、地理科学学院、物理电信工程学院五个学院，队员当中既有学生党员又有优秀的团员团干。不同专业的队员将在活动中各施所长，团结互助，共同完成这次下乡实践活动。

大学生下乡实践，是当年五四青年开创的"走向社会，深入民众"光荣传统的延续。下乡实践，有利于大学生了解国情、体察民情、开阔视野、增长才干。通过与人民群众的面对面接触、了解和交流，通过无数活生生的典型事例，大学生可以从中受到深刻的启发和教育，使思想得到升华，社会责任感进一步增强。

第五节　大学生乡村社会调查

党的十八大以来，以习近平同志为核心的党中央高度重视调查研究工作。暨南大学"忠信笃敬班"学员成立暑期社会实践团队开展"党建扶贫青春行"活动，找准大学生党员参与基层党建促扶贫的切入点，于2018年7月深入广东省定贫困村——珠玑镇灵潭村、角湾村基层党建示范点和黄坑镇黄坑村、许村、小陂村，聚焦贫困村理论学习教育、党组织设置、党组织领导决策与党员作用发挥等方面，以明晰的调研方向有序开展社会实践活动，撰写了高质量调研报告，获得广东省有关领导的肯定。

一、大学生乡村社会调查的意义

大学生参加乡村社会调查有助于坚定理想信念，进一步激发大学生历史使命感。随着我国城乡利益格局深刻调整，为农村经济社会发展带来了巨大的活力，党的十八大以来，党中央深入推进脱贫攻坚工程，组织推进人类历史上规模空前、力度最大、惠及人口最多的脱贫攻坚战，启动实施乡村振兴战略，推动农业农村取得历史性成就、发生历史性变化。通过乡村社会实践，大学生从"纸上""网上"走到"村头""田里"，能亲眼目睹乡村经济社会发展，直接感受到社会主义现代化建设的成就，在深层次上坚定社会主义的理想信念，树立为祖国奋斗的参与意识，自觉地将个人远大抱负与祖国的发展、民族的振兴结合起来。

大学生参加乡村社会调查有助于巩固专业知识，将理论知识转化为实际的工作能力。乡村社会调查，在大学生与乡村之间能充分发挥桥梁作用。通过乡村社会调查，大学生应用自己所学到的书本知识去解决实际问题，为当地经济社会发展提供扎实有效的服务。乡村实际为理论知识的运用提供了广阔的天地，大学生在广阔天地中施展自己的才干，从而获取新感受和新体会，也进一步检验学识、增强自己学习的信心，为社会作出青年贡献。

大学生参加乡村社会调查有助于铸造担当精神，培养吃苦耐劳、坚忍不拔的作风。民族复兴需要青年担当，由于成长经历和社会环境的影响，大学生中普遍存在着"躺平""佛系"的"怕吃苦"思想，缺乏"敢于担当、敢于碰硬"的思想观念。大学生乡村社会调查从策划、执行、分析到总结全过程都以大学生自主参与为主，使得大学生能有较多机会接触广大群众，加深对工农群众的思想感情，树立艰苦奋斗的思想观念。同时，在与工农更广泛接触、交流过程中能够受到真切的感染，有助于形成关心他人、关心社会、关心国家的良好思想道德品质。

二、大学生乡村社会调查的参考选题

在开展乡村社会调查过程中，选择研究课题是调查的首要工作。乡村社会调查选题，主要聚焦于乡村中要说明或者解决的现象或问题。一个恰当的选题，在撰写一篇优秀的乡村社会调查报告中发挥着至关重要的作用。

了解政府政策导向可以为大学生乡村社会调查提供很好的选题参考。围绕《中共中央 国务院关于全面推进乡村振兴加快农业农村现代化的意见》，可从以下几个方面开展大学生乡村社会调查。

1. 脱贫攻坚成果同乡村振兴衔接方面。如贫困动态监测、易地扶贫搬迁后续跟进、乡村优势产业项目调查、农产品产销措施等。

2. 农业质量和技术提升方面。如优良品种培育、农田建设规划、乡村耕地保护情况调查、农产品品牌培育情况、农业现代化情况调查等。

3. 乡村建设与公共服务方面。如村庄规划和乡村风貌保护、乡村公共基础设施调研、美丽乡村建设情况调查、乡村教育、乡村医疗卫生情况、智慧农业、新时代农村精神文明建设情况、城乡融合发展情况调查等。

4. 乡村发展支持保障方面。如农村基层党组织建设问题、农业农村金融供给、返乡人才调查、农村社会治安调查等。

在乡村社会调查选题方面，需要遵循以下基本原则：

一是需要性原则。调查是为了解决问题，离开了解决问题的客观需要，为调查而调查，就不可能正确选择调查课题。这里的需要是多方面的，有党和政府制定政策法规的需要，有大学生通过自身渠道发现实际问题尝试解决问题的需要，也有大学生依托专业服务社会的需要。了解党中央对于乡村发展的相关政策，从政策中找到社会公众关注的热点问题，就是解决我国在建设社会主义现代化强国事业中亟须回答的重大理论和实践问题。对自身在了解农村发展过程中遇到的问题进行调查，从而得到答案或者解决方案，也有助于大学生进一步了解国情、社情。

二是可行性原则。大学生乡村社会调查要坚持"小而精"，尽量避免范围较大、内容复杂的题目。大学生的专业水平、实践经验、社会资源整合能力有限，若选题过大，在手段方法上定得过高太难，甚至完全脱离现实的条件，结果只会成为空想，不仅不利于大学生乡村社会调查的开展，反而会降低大学生的乡村实践热情。大学生要认识到，社会意义的大小不在于课题的大小，"小课题"也能对社会作出"大贡献"。

三是创造性原则。创造性的本质在于新颖性、独特性和先进性。对大学生乡村社会调查而言，固然希望能够开展一些别人从未做过的开创性课题，同样也鼓励大学生从不同角度、不同侧面去验证一些已有的乡村社会调查结论。在重复中熟悉乡村社会调查的基本方法，进一步加深对国家乡村振兴中制度优势的感受，为开展原创性的社会调查打好基础。

三、寻访红色圣地和老党员

寻访红色圣地和老党员是开展乡村社会调查、感受国情社情的重要组成部分。2005 年中央宣传部、中央文明办、教育部、共青团中央颁布的《关于进一步加强和改进大学生社会实践的意见》指出："积极开展'红色之旅'学习参观。要组织大学生到革命纪念地……学习参观，了解中国革命、建设和改革开放的历史和成就，增强大学生对党的感情，对中国特色社会主义的热爱，激发他们全面建设小康社会、实现中华民族伟大复兴的责任感。"

大学生通过寻访红色圣地和老党员，在沉浸式互动体验中传承红色基因，学习老党员的优良作风，坚定信念、铭记历史，同时也有助于挖掘域内红色资源，形成珍贵的历史史料。

【案例阅读】

寻找红色记忆，访谈红色人物①
——珠海科技学院"七晓团队"

"我们在烈士墓前满怀感激地鞠躬，并深刻地认识到，只有勿忘昨天的苦难辉煌，才能无愧今天的使命担当、不负明天的伟大梦想。"七晓团队于暑期前往茂名市七迳镇，开展了主题为"学党史追寻初心，办实事践诺使命"的"三下乡"社会实践活动。

活动的第一站他们来到了茂名市革命博物馆和高圳革命根据地，跟随着历史的脚步，了解中国共产党的革命历程。在一张张照片、一件件文物、一个个场景前，团队成员仿佛回到当时的水深火热之中，感受到了革命烈士们强烈的爱国情怀与坚韧不屈的抗争精神。参观完博物馆，团队还前往了茂名市革命烈士陵园，深切缅怀革命先辈。"'斯人已逝，光辉永存'，我们将永远铭记革命先辈们的奋斗历程，从中汲取奋进的力量。"

"我听说你们要来看看我，还专门把我在部队的衣服穿上了，看！这里写着'八一'！"其间，七晓团队开展了两次红色人物访谈活动，包括有着50年党龄的老党员何爷爷和一名返乡青年大学生。当团队刚来到何爷爷家中，就感受到了何爷爷浓浓的热情和身为共产党人深深的自豪感。"还未真正交谈，两代人之间的心就仿佛紧紧贴在了一起。这是共产党人天生就有的亲和力，是两代人都真诚向党的心一下子就拉近了彼此的距离。"在倾听何爷爷陪伴中国共产党一路走来的故事后，团队成员更加感触良多。他们还与何爷爷相约在毕业后重返茂名市七迳镇，再来看看乡村的变化。

"也没什么特别的原因，个人有能力了，家乡有需要了，就回来尽些绵薄之力，希望家乡能发展得越来越好。"另一位访谈对象关姐姐则是一名返乡建设大学生，目前是村党委的一名工作人员，在问及返乡的原因时，她的回答也让同为大学生的团队成员们深受触动。

在了解到茂名市七迳镇教育水平不高、专业老师及教具匮乏的情况后，团队还将自主研发的少儿编程机器人和编程课程带入课堂，以"少儿编程"作为乡村科技教育普及的重要抓手，开展为期五天的"少儿编程支教"。他们通过绘画课、手工课、音乐课、体育课、党史知识问答等，向孩子们介绍中国共产党的光辉历程，将学习到的党史知识充分融入课堂。"我们希望通过这样的方式，引导孩子们树立强烈的爱国精神和家国情怀，让红色基因和革命薪火代代相传。"

"经过此次红色党史学习之旅、先进模范访谈和少年支教等系列活动后，我们都深

---

① 珠海科技学院：立德树人做民办高校排头 [EB/OL]. (2022 - 02 - 08). https://news.southcn.com/node_6854f1135c/f29972ccb8.shtml.

刻意识到，作为新时代的中国青年，要不断传承红色基因、勇于担当时代责任，学党史、强信念、跟党走，努力成为能够担当民族复兴大任的时代新人。"在线上，七晓团队社会实践成果被人民日报客户端、东方网和凤凰网广东频道等媒体相继报道；在线下，七迳镇南山埔村民委员会对团队此次为期七天的活动给予充分的肯定，撰写了一份感谢信并制作劳动成果展示栏以表示衷心的感谢和祝福。

第五章

新时代大学生乡村就业创业实践

　　2017 年党的十九大报告指出"中国特色社会主义进入了新时代"。进入新时代，是从党和国家事业发展的全局视野、从改革开放近 40 年历程和党的十八大以来取得的历史性成就和历史性变革的方位上，所作出的科学判断。这个新时代，是承前启后、继往开来、在新的历史条件下继续夺取中国特色社会主义伟大胜利的时代。习近平总书记说，当代青年是同新时代共同前进的一代。我们面临的新时代，既是近代以来中华民族发展的最好时代，也是实现中华民族伟大复兴的最关键时代。广大青年既拥有广阔发展空间，也承载着伟大时代使命。① 习近平总书记对当代大学生寄语：希望你们扎根中国大地了解国情民情，在创新创业中增长智慧才干，在艰苦奋斗中锤炼意志品质，在亿万人民为实现中国梦而进行的伟大奋斗中实现人生价值，用青春书写无愧于时代、无愧于历史的华彩篇章。② 要敢于做先锋，而不做过客、当看客，让创新成为青春远航的动力，让创业成为青春搏击的能量，让青春年华在为国家、为人民的奉献中焕发出绚丽光彩。③ 大学生是推动时代发展的动力源泉，新时代大学生乡村就业创业不仅耦合了国家乡村振兴战略，带动农村经济发展，还可以解决大学生自身实践和就业问题，同时为乡村经济的发展提供技术和知识支持。在今天的乡村振兴中，大学生乡村就业创业已经成为一支生力军。

---

① 习近平同志《论党的青年工作》主要篇目介绍［EB/OL］．（2022 - 06 - 21）．http：//www. moe. gov. cn/jyb_xwfb/s6052/moe_838/202206/t20220622_639556. html.

② 习近平总书记给第三届中国"互联网＋"大学生创新创业大赛"青年红色筑梦之旅"的大学生的回信［EB/OL］．（2017 - 08 - 15）．http：//www. moe. gov. cn/jyb_xwfb/moe_176/201708/t20170815_311185. html.

③ 在知识分子、劳动模范、青年代表座谈会上的讲话［EB/OL］．（2016 - 04 - 30）．http：//www. moe. cn/jyb_xwfb/moe_176/201605/t20160503_241694. html.

第一节 大学生乡村就业创业的重要意义和基本内容形式

马克思认为，人们奋斗所争取的一切，都同他们的利益有关。[①] 习近平总书记指出，青年是国家和民族的希望，创新是社会进步的灵魂，创业是推动经济社会发展、改善民生的重要途径。青年学生富有想象力和创造力，是创新创业的有生力量。[②] 当前，我国正处在开启全面建设社会主义现代化国家新征程的阶段，大学生应当自觉肩负起科技兴农的责任，在培育新型农业经营主体上做贡献，以乡村就业创业的实际行动服务于经济建设，推动国家乡村振兴战略的持续落实，从而在实现中华民族伟大复兴征程上贡献自己的聪明才智、力量和汗水，最终实现个人理想追求和价值实现与国家发展的统一。

一、大学生乡村就业创业的重要意义

实现社会主义现代化，实现中华民族伟大复兴，需要一批又一批德才兼备的有为人才为之奋斗。艰难困苦，玉汝于成。今天，我们比历史上任何时期都更接近实现中华民族伟大复兴的光辉目标。祖国的青年一代有理想、有追求、有担当，实现中华民族伟大复兴就有源源不断的青春力量。[③] 习近平总书记强调，一切创新成果都是人做出来的[④]，创新是乡村全面振兴的重要支撑[⑤]。

全面实施乡村振兴战略的深度、广度、难度都不亚于脱贫攻坚，要做好巩固拓展脱贫攻坚成果同乡村振兴有效衔接，加快农业农村现代化步伐，培育农村人才是关键，新时代创新型大学生是推动农业现代化和产业化、延伸农产品价值链、提升乡村文化品位的重要力量。2021年6月，农业农村部等9部委联合发布《关于深入实施农村创新创业带头人培育行动的意见》，要求培养一批充满乡土情怀、高瞻远瞩、富有创业激情和奉献精神的农村创新创业带头人，带动农村经济发展和农民就业增收，壮大农村创新创业人才队伍，提升农村创新创业水平，返乡创业大学生是这支队伍的中坚力量。

---

① 马克思恩格斯全集（第1卷）[M]. 北京：人民出版社，1956：82.
② 致2013年全球创业周中国站活动组委会的贺信 [EB/OL]. (2013-11-09). http：//www.moe.gov.cn/jyb_xwfb/xw_zt/moe_357/s7865/s8417/s8420/201410/t20141024_177252.html.
③ 习近平总书记给第三届中国"互联网+"大学生创新创业大赛"青年红色筑梦之旅"的大学生的回信 [EB/OL]. (2017-08-15). http：//www.moe.gov.cn/jyb_xwfb/moe_176/201708/t20170815_311185.html.
④ 习近平：努力成为世界主要科学中心和创新高地 [EB/OL]. (2018-05-28). https：//www.12371.cn/2021/03/15/ARTI1615792324351236.shtml.
⑤ 创新是乡村全面振兴的重要支撑 [EB/OL]. (2019-11-08). http：//www.moa.gov.cn/xw/qg/201911/t20191108_6331591.htm.

来自农村、外出求学的青年大学生，既有深厚的乡土情怀又接受过良好的教育，是连通城乡资源的关键桥梁。他们熟知家乡产业的发展情况，具有良好的钻研精神和拼搏精神，也能把发达地区先进的市场观念、资金技术带回家乡，对加速乡村产业振兴、推动地区致富具有积极重要作用。农村需要大学生，大学生也需要农村，大学生乡村就业创业，既有效扩展了大学生的就业面，开辟了就业的新途径，也有利于解决农村人才引进和流动问题，更重要的是以此带动农业农村新的经济增长点，为"三农"发展注入"青春引擎"。大学生到乡村就业创业，还可以增强大学生的意志，更好地理解人民的感情，为人民带来财富。在全面推进乡村振兴战略的大背景下，乡村正成为大学生就业创业的重要平台。

（一）大学生乡村就业创业是服务国家发展战略的需要

党的十九大制定了乡村振兴战略的"三步走"时间表，将乡村振兴作为我国未来发展中的重要任务。《乡村振兴战略规划（2018－2022 年）》提出"产业兴旺、生态宜居、乡风文明、治理有效、生活富裕"的发展新要求，说明"三农"发展必须与时俱进，要在不同的发展阶段树立新的目标。乡村振兴战略是在展望国家未来发展蓝图的前提下提出的行动指南，而人才强国战略则可为乡村振兴战略的实施提供人才保障。人才强国战略的实施也需要高等院校的强力支持，高校要培养符合时代要求的新型人才，为乡村振兴战略服务。其中，乡村振兴战略推进落实的关键在于具有大量创新创业人才，因此高校要承担起培育责任，培养和引导具有创新创业意识和创新创业能力的毕业生到乡村就业创业。

（二）大学生乡村创业就业是高校职责和使命的体现

现代大学的重要责任和使命之一就是促进社会的全面发展，社会实践与大学发展的相互促进是现代社会发展的重要特征。国内外的研究和探索表明，高校的学科建设应密切关注并紧密围绕本国和本地区经济社会发展的实际需要，才能在学校建设和地区发展的基础上得到进一步提升。高校办学过程中大力推动大学生乡村创新创业的实践，是为了加强人才队伍建设，不断巩固经济社会发展所需要的人才基础，服务于开启全面建设社会主义现代化国家新征程。大学生乡村就业创业还可以深入促进产学研合作，加强高校与农村农业学科和其他学科的协调发展，促使乡村创新创业群体更加多元化。

（三）大学生乡村创业就业是促进乡村发展的重要力量

党的十九大报告指出："要培养造就一支懂农业、爱农村、爱农民的'三农'工作队伍。"在乡村振兴的战略背景下，具备创造活力的大学生可以为农村的发展注入青春活力，从而推进农业现代化建设，延伸农产品的价值链条，进而提升农业农村格局。大学生具有较高的素质，他们到农村进行创新创业，能够有效优化农村劳动力结构，带动当地农民致富，对于乡村经济的发展也有较好的促进作用。大学生去乡村创业的同时，能够促进创业项目的合理发展，使大学生创业者实现创业致富，并且还能够为乡村劳动力提供更多的就业岗位，对于"三农"问题的解决也有积极影响。

（四）大学生乡村创业就业是提高学生就业竞争综合力的渠道

大学生乡村创业就业，不仅能很好地解决自身就业问题，也能在基层的实践中施展才华、检验所学、锤炼自我，同时还能助力发展乡村产业，带领乡亲们发家致富。随着我国社会就业压力不断增加，社会转型化阶段的到来，创业成为高校学生毕业后一种重要的职业选择。教育部数据显示，2022年我国的普通高校毕业生人数达到1076万人，同比增加167万人，① 再创历史新高。可见毕业生的择业压力较大，找到符合学生期望值的工作难度更大。在此背景下，大学生乡村创新创业能拓宽基层就业岗位空间，打开新的就业渠道，同时有效缓解学生择业问题，缓解城镇与乡村的社会矛盾，给大学生一片新的发展空间，让人才有更大作为。新时代背景下，当代大学生要积极致力于新型农村建设，自觉为实施乡村振兴战略服务，努力为满足广大农村居民对美好生活的向往作出更大的贡献。

【人物介绍】

王灵光，男，汉族，1987年6月生，中共党员。他出生于农村，对农业和土地有着深厚的感情，他立志从事"三农"，扎根农村。2010年7月，还是河南农业大学大三学生的他，利用毕业实习的机会回农村创业，在漯河市郾城区流转了200亩土地作为现代农业高产示范基地，并创办了河南德行丰民种植专业合作社，经营管理着16000亩土地。2011年7月，河南德行丰民种植专业合作社加入河南省青年农民专业合作社联合会。2012年5月，王灵光任河南省农村青年致富带头人协会常务理事兼副秘书长。2013年1月，王灵光被增选为省青农联常务副会长。2013年5月4日，王灵光作为中国青年五四奖章获得者，在北京受到习近平总书记的接见。也是在这一年，他的"农业创想家"平台已吸纳了107位同学的加入，同时输送了13位毕业生到基层农村就业创业。②

---

① 教育部：2022届高校毕业生规模预计1076万人，同比增加167万 ［EB/OL］. （2021 – 12 – 28）. http://www.moe.gov.cn/fbh/live/2021/53931/mtbd/202112/t20211229_591046.html.

② 王灵光 在田野迸发创业"灵光"［EB/OL］. （2021 – 12 – 28）. http://cpc.people.com.cn/gqt/n/2013/0607/c363174 – 21774967.html.

二、大学生乡村就业创业的基本内容

乡村就业创业顾名思义就是在乡村开展农业生产等活动，因而在乡村就业创业就等同于"当农民"。乡村创业是一种以农村为现实劳动范围，从而通过从事广义农业组织、运用服务、技术、器物作业的思考、推理、判断的行为从而创造财富的一种经济行为。在乡村建设和发展过程中，乡村创业者可以说是农村、农业、农民财富积累的标杆，发挥着引领牵动作用，乡村创业者因农村改革而产生，同时也对农村改革和建设发展不断有反馈作用。自党的十九大报告中提出乡村振兴战略以来，党和国家对农村的建设与发展尤为重视与关注，为乡村发展提供新路径，不断加大强农惠农富农政策力度，广大青年大学生也积极响应国家号召，积极投身推进农业现代化和乡村建设发展。农村从未像现在这样渴求充满激情和创造力的青春力量，农业也从未像现在这样对怀揣创业理想的天之骄子释放出强大的磁力。广阔的乡村土地给了大学生们奋斗的平台。如果说农民工返乡创业为"三农"发展注入了新动力，那么大学生乡村就业创业则是为"三农"发展引来了一泓活水。①

（一）主要内容

大学生到乡村就业主要是参与乡村的生产和治理。当前，大学生乡村创业选择的项目依然以传统的养殖、种植行业为主，但涉及的方面越来越广，大多从事特色种植、养殖、农产品销售、发展农业产业化经营等方面工作。同时，工业、服务业方面也有涉及。从当前农村现状来看，大学生农村创业是一片尚待开发的"蓝海"。农村确实存在基础设施方面的不足，但农村创业环境的优势在于空间广阔，创业硬件成本低，人才密度小，更有用武之地，市场竞争压力小，蕴藏着大量有潜力的创业项目，如三次产业融合发展、农业科技创新和应用、"互联网＋农业"等。可以说，大学生农村创业，正是风帆待发、大有可为之时。

近年来，农村产业逐渐多元化，果场、茶园、蔬菜基地、花卉、旅游、工艺品等多元化的产业为大学生乡村创业提供了多样化的选择。例如果场的管理与营销，水果种植主要在农村，水果种植和营销需要一定的专业技术和经营知识，而作为果场经营者的普通农民群众，对于各种水果的种植缺乏科学的栽培技术和认知，进而对水果的品质产生影响。对于营销，普通农民群众也没有专业的营销知识储备。但是大学生具备较强的学习能力，在校期间的自主学习能力和专业知识可以促使大学生主动掌握足够的水果栽培种植知识，根据不同的水果生长条件进行专业的果园管理。而在产品的

---

① 本报评论员. 大学生农村创业为三农引来一泓活水［N］. 农民日报，2016－06－22（1）.

营销管理层面，大学生也比传统农民具有更丰富的营销思维，对水果的销售产生积极影响。当然，大学生接受过高等教育并不意味着不存在缺点，因为农产品的类别有很多，大学生在不同农作物的生产方面经验积累明显不足，像茶叶品牌的创立，由于生产经验不足，在茶叶生产方面需要掌握的温度、湿度和口感等方面就存在较大的局限性，需要大学生在思考经营举措的同时不断提升对茶叶生产的认知，建立起茶叶品牌设计和运营的管理方法，在原有知识储备的基础上不断学习和优化。

（二）项目选择

大学生参与乡村创新创业项目所选择的创业项目需要符合农村发展的要求，除了对自身的优势进行研判分析外，应结合充分的市场调研，在此基础上进行研判，从而确定创业的方向。目前，大学生乡村创业可从以下几个方面入手。

其一，产业融合。随着乡村振兴战略的不断推进，农村产业融合已经成为主要发展趋势，在产业融合背景下，农村潜在的资源和价值将会得到开发，在发展农业的同时，也可以与旅游业进行紧密结合，发展休闲农业、旅游观光产业等，通过三次产业的有效融合，能够寻找到新的项目契机，在确定项目之后，就应该做好相应的规划，为下一步创业做好准备。

其二，土地集约化经营。各地都在推动农村土地流转，通过土地流转实现农业规模效益，更好地推动农业现代化建设，在这一背景之下有条件的大学生可以承包农村土地进行规模化经营，选择经济作物进行种植，通过发展特色农业，实现创业目标。

其三，乡土文化资源开发与利用。我国农村拥有丰富的民间手工艺，这些手工艺品不仅是地域文化的代表，而且可以通过系统的商业开发，借助电子商务进行创业推广，在打造地域民俗品牌的同时，也有利于我国传统文化传承，为本地文化发展作出应有贡献。[①]

大学生还可以凭借善于学习的优势实现乡村创业，推进绿色生产、节能环保的发展，减少农业生产中的水资源浪费、水土源污染等问题，使农业生产趋向于科学化、规模化，实现农业创新发展。

【案例阅读】

鹰潭余江：大学生返乡创业　绿色理念种葡萄[②]

盛夏时节，鹰潭市余江区平定乡店上周家村 120 亩阳光果树种植家庭农场里，空

①　张弛. 大学生农村创业的热潮与冷思考 [J]. 农业经济, 2021 (2)：120.
②　鹰潭余江：大学生返乡创业　绿色理念种葡萄 [EB/OL]. (2022 – 07 – 28). http：//www. moa. gov. cn/xw/qg/202207/t20220728_6405747. htm.

气中氤氲着沁人的芳香，似被葡萄"甜醉"。

又到一年葡萄成熟季，又是一年丰收时。据悉占地120亩的阳光农场是由返乡大学生周自达于2013年创建，这里四季瓜果飘香，栽有马家柚、桑椹、大秋甜柿、蜜枣、各种柑橘、葡萄等。阳光农场吸引了众多游客前来采摘游玩，人们在感受休闲时光的同时，也体验着秀美乡村田园的乐趣。

走进占地30亩的葡萄园，层层叠叠的绿叶间，一串串葡萄似一串串珍珠挂满藤架，晶莹别透、丰满迷人。"我们农场的葡萄品种繁多，有奶油葡萄、玫瑰香葡、醉金香、夏黑、阳光玫瑰等。"周自达介绍道。

"从前哪里知道葡萄还有这么多品种，阳光玫瑰是目前最火的葡萄，有一股玫瑰香味，也最好卖。"一位从锦江赶过来进货的刘老板说道，他今天计划再进几百斤。

据了解，周自达本着生态种植、做绿色产品的理念，他种的葡萄不但品种新，而且市场价值高。他采用大棚栽种的方式，减少了病害和打药，同时创新树形，将树形改良成飞鸟架，员工做事更方便了。他还采用树下养鹅生草、水肥一体化滴灌的方式，既保持了生态环境，也保证了果实的品质。

"这一片主要种植阳光玫瑰葡萄，为了保证葡萄的香甜爽口，我们坚持让葡萄自然成熟，使用的是有机肥，不打催熟剂、除草剂。"周自达介绍道，"为了保证葡萄的品质，我们葡萄果园亩产控制在2000斤左右。农场计划7月23日正式开园，这几天每天工人可采摘一两千斤，每天有游客、商贩来买，供销两旺。"

在农场里工作的附近村民共有15名，其中脱贫户共有5名，周仙桂是其中一名。自开园起她就在农场里工作，主要负责剪枝、施肥、疏果、采摘等工序。"一年下来也有一万多元，能在家附近找到活干，感觉挺好。"周仙桂说道。

一年四季瓜果香，在乡村振兴的大道上，余江有这样一批如周自达一样的返乡大学生充分发挥实干与科技的力量，进行生态种养，不断钻研新技术，为乡村振兴和蓬勃发展注入了无限生机。

三、大学生乡村就业创业的基本形式

在新时代背景下，越来越多的大学生选择到乡村进行就业和创业，大学生乡村就业创业在一定程度上能够给大学生提供基层锻炼的平台和适合自己领域的工作，实现自我的价值，同时还能改善农村缺乏人才的现状。当前，大学生乡村就业创业的基本形式有产业经营类、自主创业类、村职创业类等。

（一）农村五大双创典型模式

2018年3月，农业农村部总结推出全国县域农村五大双创典型模式：特色产业拉动型模式、产业融合创新驱动型模式、返乡下乡能人带动型模式、创业创新园区（基地）集群型模式、龙头骨干企业带动型模式。①

1. 特色产业拉动型模式。该模式围绕特色产业，强化产业链创业创新，沿着产业链上中下游，面向产前、产中、产后环节的生产与服务需求，开展创业创新活动，形成大中小微企业并立、各类经营主体集聚、产业集群持续壮大的创业生态系统。具体做法有以下几种。

（1）将地区资源特色转化为特色产业优势。

案例：四川省金堂县依托食用菌、黑山羊、油橄榄、柑橘等优新特产业，建成农村双创园区 105 个、产业基地 1453 个，创业人数达 3.1 万人，带动就业 22 万人。创业者依托特色产业创造的机会开展双创，开办各类特产企业和配套企业。②

（2）农村双创促进特色产业发展。

案例：吉林省长春市双阳区鹿乡镇引导双创人员从事梅花鹿养殖、加工、营销和休闲旅游，设立鹿产品创业一条街，为创业者提供创业平台，极大地激发了创业者创业活力。③

2. 产业融合创新驱动型模式。该模式主要是围绕产业融合形成的新产业新业态新模式开展双创活动，加速区域之间、产业之间的资源和要素的流动与重组。具体做法有以下几种。

（1）电商聚集融合。通过建设电子商务产业园区，提供电商服务，吸引生产加工企业入驻园区。

案例：福建安溪弘桥智谷电子商务产业基地以电商服务聚集生产企业和创业者，形成了"电子商务＋仓储服务＋商品集散"的运营模式，吸引了茶叶、铁艺、鞋服和休闲食品产业等众多规模企业和一大批创业者入驻园区创业。④

（2）休闲旅游带动融合。

案例：四川省成都市郫都区青杠树村遵循"小规模、组团式、生态化、微田园"理念，以川西民居特色为主基调，规划建设 9 个聚居组团、共 9.7 万平方米的农民新居，统筹推进乡村建设、产业培育、公共配套、环境优化、社会治理和农村双创，建设幸福美丽乡村，成为成都及周边市民周末休闲度假好去处。⑤

（3）行业横向融合。

案例：三农创咖利用大数据为涉农企业提供咨询、规划、融资等服务，成功地把工商企业大数据配套服务移植到农村双创企业。成都坊田天空农场立足楼顶平台，发

---

① 农业部推出农村创业创新五大典型模式［EB/OL］．（2018 - 03 - 20）．http：//www.moa.gov.cn/ztzl/scw/scdtnc/201803/t20180320_6138701.htm.

②③④⑤ 王秀忠巡视员在全国推进农村创业创新助力乡村振兴战略现场交流活动上的讲话［EB/OL］．（2018 - 03 - 22）．http：//www.moa.gov.cn/xw/bmdt/201803/t20180326_6139051.htm.

展绿色循环都市农业，既利用了城市楼顶平台的优质资源，又拓展了农业的观光科普体验功能，走出了独具特色的双创道路。①

3. 返乡下乡能人带动型模式。该模式主要是返乡农民工、中高校毕业生及科技人员等返乡下乡人员通过创办、领办企业和合作社等农村新型经营主体，引领带动周边农村双创。这些创业者有头脑、懂技术、能经营、善管理，一个人创业，引领带动周边人员乃至整村或整乡共同发展。

案例：山西省阳城县皇城村党支部书记、皇城相府集团董事长陈晓拴，带领村民挖掘历史文化，修缮皇城相府，建成国家 AAAA 级景区；发展休闲观光农业和乡村旅游业，打造"旅游景点＋宾馆酒店＋文化演艺＋农家乐"发展模式，形成了游、购、娱、吃、住、行一条龙产业链条，带动农村双创。②

4. 创业创新园区（基地）集群型模式。该模式通过以双创园区（基地）和农业企业为主的平台载体，聚集要素、共享资源、产业关联，为农村双创提供见习、实习、实训、咨询、孵化等多种服务的模式，推动产业集群的形成。具体做法有以下几种。

（1）资源聚集度高，推动农村双创。

案例：福建省晋江市建设海峡创业园，构建"三创园（创业、创新、创意）"、国际工业设计园、智能装备产业园、新区创新中心、高校科教园五大科技创新载体，聚集双创要素，为双创提供空间，入驻创业项目和企业超 200 个。③

（2）基础设施条件较好，带动农村双创。

案例：长春国信农业投资建设了占地 70 万平方米的众创空间及创业孵化基地等涉农孵化器，打造了有机农业种植标准化双创园区、农产品加工示范园区、农业企业孵化园等 12 个综合性园区，接纳双创人员，为双创人员服务，提供实习就业创业岗位 4000 多个。④

（3）政策服务到位，驱动农村双创。

案例：四川省成都市郫都区将 7 个系列专项支持政策，集成落实到农村双创园区（基地）、众创空间、创业孵化器等，打造菁蓉·成都现代农业创业创新空间，孵化新创企业，为企业提供保姆式服务。2017 年涉农双创项目政策扶持资金累计达到 1.67 亿元，其中农业双创园区道路、沟渠、高标准农田改造、"互联网＋物联网"和园区孵化办公条件等基础设施完善项目投入资金 1.41 亿元。⑤

5. 龙头骨干企业带动型模式。该模式依托龙头骨干企业优势，带动当地农村双创为企业配套服务，引领当地经济发展。具体做法有以下几种。

（1）龙头引领，产业特色鲜明。

案例：河南新郑好想你枣业股份有限公司将红枣种植加工、冷藏保鲜、科技研发、

---

①②③④⑤ 王秀忠巡视员在全国推进农村创业创新助力乡村振兴战略现场交流活动上的讲话 [EB/OL].
(2018－03－22). http：//www.moa.gov.cn/xw/bmdt/201803/t20180326_6139051.htm.

贸易出口、观光旅游融为一体，不断扩大产品的市场占有率和品牌知名度，目前已成为红枣行业规模最大、技术最先进、产品种类最多、销售网络覆盖最全、辐射带动最广、市场占有率最高的龙头企业，带动红枣产业成为农村双创的主导产业。①

（2）带动创业，配套服务企业。

案例：广东云浮市新兴县温氏集团将主业放在业务流程上投资额大、技术含量高、风险高的环节，包括饲料生产、种苗供应、销售网络的建设等，把养殖环节和配套服务等交给创业者创业，双方紧密结合，实现了互惠双赢、互促共进。②

（二）乡村智慧型与资源型创业模式

依据知识在创业过程中的作用，从价值创造和商业模式出发，还可以将乡村创业划分为两大方式五种类型，即智慧型与资源型，同时智慧型可分为产品创新、手段创新与综合创新三种模式，资源型可分为纯资源模式和资源创新型模式。③

（三）按大学生乡村就业创业路径划分的创业模式

从大学生乡村就业创业路径来看，大学生乡村就业创业模式可划分为政府倡导创业、独立创业、信息服务创业、合作社创业模式四种。

1. 政府倡导创业模式。随着国家乡村振兴战略的推进，越来越多的大学毕业生响应国家和政府的号召和倡导，以各种形式走进乡村、返回乡村，成为大学生村官、村医，参加支农、支教、致富带动等。

2. 独立创业模式。返乡创业的大学生通过观察当地产业软硬件的需求，充分发挥自己的专业特长和自身的优势来实现自主创业。他们往往具有强烈的责任感、创新主动性和自信心。例如，大学生可以在乡村成立专业的政策、技术培训组织，向当地农民群众讲解政府政策、农业生产和技术管理的知识。这不仅可以促进当地经济的发展，还可以解决大学生的就业问题。

3. 信息服务创业模式。随着社会不断进步，信息技术不断发展，互联网在人们的生活中显得更为重要。大学生虽资历浅，但是有文化、学习能力强，思维活跃、创业理念新，可以利用对市场信息的了解、运用网络知识和互联网思维，结合专业优势，充分融合当地特色和农产品特点，帮助农民创建自己的商品交易平台。通过研究用户、组织用户、组织服务，合理利用信息服务活动，将有价值的信息传递给用户，最终帮助用户解决问题。通过信息服务模式扩大当地产品的销售渠道，为增加农民收入贡献智慧。

4. 合作社创业模式。农业合作社缺乏人才、理念和管理，需要有能力、有知识和

①② 王秀忠巡视员在全国推进农村创业创新助力乡村振兴战略现场交流活动上的讲话［EB/OL］.（2018 - 03 - 22）. http：//www.moa.gov.cn/xw/bmdt/201803/t20180326_6139051.htm.

③ 董学祯. 大学生农村创业的发展对策研究［D］. 大连：大连工业大学，2020.

有抱负的大学生加入。2015 年，在落实现有涉农建设项目、设施用地、财政补贴、农业保险、税收优惠、抵押担保、信贷支持等相关扶持政策的基础上，农业农村部还会同有关部门选择产业基础扎实，信用记录良好的地区，按照中央的统一要求和安排，带动能力强，经营规模大，按照风险可控、不分红、不吸股、不囿产业发展、限会员的原则，稳步开展信贷合作试点。绝大多数大学生带着创业信心返乡，但存在着创业能力有限、创业资金不足的问题，可以通过配对成功企业家的方式进行带领，也可以与当地农民以股份制的形式共同建立合作社。高薪聘请农业专家分析当地产业结构和发展趋势，传授专业知识，由大学生负责生产管理技术，指导当地农民进行生产经营。与村民合作创业不仅能促进当地经济发展，还能增强农村大学生返乡创业的动力。

（四）大学生创业意愿、创业能力和政策环境角度的创业模式

从大学生的创业意愿、创业能力和政策环境角度出发，可以将大学生乡村就业创业主要方式归纳为村职创业、农资整合创业和个体经营创业三种类型。

1. 村职创业。村职创业是指大学生响应国家村官、支教、公务员等国家政策而参与的创业活动。该模式的主要特点是"公务"创业。近年来，随着乡村振兴战略的深入，大学生通过选调生、"三支一扶"、村官等项目成为乡村创业中的一支主力军，大学生们深入农村基层，利用职业发展优势与农业发展政策，带领农民群众开展自身创新发展或对外生产合作。

2. 农资整合创业。农资整合创业主要是指大学生集中农村土地资源，开展合作社农业进行农资整合的创业经营，其主要特点是农资集约创业。农资整合创业需要创业参与者以集体模式历经运营实践、市场竞争、成长磨合等阶段，逐渐经过经验积累、实力增强、不断完善，最终以集合形式致富的过程。

3. 个体经营创业。个体经营创业是指大学生进行个体企业工商类经营活动，大学生个体经营创业门槛低，操作方便，形式多样，应用范围广泛。乡村个体经营创业可以细分为四类：一是实体经营，即实体店；二是加盟创业，即加盟店、连锁店；三是做人际网络；四是电子商务、网络经营，包括直播带货、微商、淘宝等。个体经营创业模式的最主要特点是其拥有的"综合性"。个体经营创业可选方向多，选择的灵活性和机动性强，衍生的效果多样，可以实现四类形式的相互转换。

第二节　大学生进行乡村产业经营

农业农村之发展，与其自然经济禀赋紧密相连，是农业、农村、农民的有机融合，也是经济、人文、生态的多元衔接。2018 年，中共中央、国务院在《乡村振兴发展规

划（2018－2022）》中把"产业兴旺"作为乡村振兴的首要任务，我国农村进入了产业发展建设的新时代。在相关政策精神和资源的引导扶持下，全国乡村产业发展建设如火如荼，各种乡村产业新业态不断涌现，不仅为全面实现乡村振兴战略目标打下了扎实的经济基础，也使产业发展经营成为乡村生活的主色调。包括大学生在内的乡村创业人员通过各种形式的创业，通过推进传统农业产业升级、促进非农产业发展，实现乡村产业纵向延伸与横向拓展，拉动农村经济发展，成为推进产业兴旺的重要引擎。

一、乡村产业经营的形式

乡村产业发展是指通过整合多种生产资料，加强建设以农工商、产供销、贸工农一体化为内在特征的农村经济良性循环发展的产业链体系，实现农村经济的规模化、专业化发展。为深入贯彻中央农村工作会议、2022年中央一号文件精神，按照《农业农村部关于落实党中央国务院2022年全面推进乡村振兴重点工作部署的实施意见》要求，加快推动新型农业经营主体高质量发展，农业农村部印发《关于实施新型农业经营主体提升行动的通知》（以下简称《通知》），《通知》明确，以习近平新时代中国特色社会主义思想为指导，以加快构建现代农业经营体系为主线，以内强素质、外强能力为重点，突出抓好农民合作社和家庭农场两类农业经营主体发展，着力完善基础制度、加强能力建设、深化对接服务、健全指导体系，推动由数量增长向量质并举转变，为全面推进乡村振兴、加快农业农村现代化提供有力支撑。作为参与乡村产业经营的大学生，在其中大有可为。[①]

（一）乡村产业经营的方向

1. 农业主导型。发挥农业第一产业规模化种植或养殖的优势，强化基础设施建设，突出先进农业科技装备应用，发挥组织化程度高、规模化特征突出、产业体系健全的优势，提升农业综合生产能力。我国许多乡村地区都有特色的农业产业，比如南方的茶叶。

2. 功能拓展型。通过打破三次产业之间的壁垒，拓宽产业功能范畴，实现产业优势互补、融合，以新的产业形态满足新的市场需求。四川省金堂县始终将延长产业链、促进三产融合作为发展特色乡村产业的命脉，对壮大第一产业、联动第二产业、开发第三产业予以政策上的大力支持，以实现三次产业之间相互促进的有利局面。金堂福兴镇园觉寺村引入浙江企业发展铁皮石斛产业，不仅开发出铁皮石斛有机鲜条、铁皮

---

① 唐煜金．"权力—利益"视阈下的乡村产业治理［D］．桂林：桂林理工大学，2021.

石斛花、铁皮枫斗等产品，还通过与种植基地周边农户合作（农户以房入股作为民宿）发展康养产业，形成了"一三互动，农旅结合"的模式。[①] 2018 年，金堂县入选全国农村三次产业融合发展先导区。

3. 链条延长型。通过挖掘农产品的功能价值，研发系列的衍生产品；促进农业产业链前延后伸，打通农资供应、农业生产、加工销售、服务等环节，形成产加销结合的生产经营格局。云南省元阳县是世界文化遗产红河哈尼梯田文化景观的核心区，拥有 17 万亩梯田资源。通过推动规范梯田红米的种植标准，元阳县推动了红米生产的标准化。在生产规模化方面，主要以梯田红米种植户为主体，粮食局牵头成立梯田红米专业合作社，通过与县粮食购销有限公司合作，大力发展合作经济，再依托电商产业园深加工，共同形成"农户种红米—合作社收红米—粮食购销公司初加工—电商平台精深加工卖红米"的模式。[②]

4. 区域发展型。依托区域城市红利，例如交通、科技、人才、客源等优势，培育发展相关优势主导产业，带动乡村产业发展，促进本地农民就业增收。山西省大力发展"一村一品""一县一业"和特色农业产业基地等特色农业，提出力争全省建成 1 万个"一村一品"专业村，60 个"一县一业"示范县。[③]

5. 集体带动型。村集体经济组织发挥"统"的优势，通过专业合作、股份合作等方式带领村民因地制宜发展现代农业和农村二三产业，壮大农村集体经济。青海省西宁市大通县朔北藏族乡边麻沟村村集体，利用良好的生态本底和自然风光，盘活村集体闲置林地和流转耕地，整合财政资金 200 万元，与"大众农业观光合作社"以股份合作社形式联合发展乡村旅游。2018 年实现村集体收益 21 万元，其中，资金入股实现收益 15 万元，土地入股实现收益 6 万元，为全村 558 位集体成员每人分红 200 元。[④]

（二）乡村产业经营的模式

1. 按照模式的主体性质和产业构成可以划分为以下六种类型。

（1）以经营模式主体性质划分。

① "政府/村集体主导 + 引入外部公司"类型，即以当地政府或村集体为主导，引入具有资金技术优势的商业化公司对当地乡村进行联合开发建设，代表案例有安徽"三瓜公社"特色小镇、河南郑州泰山村等。

② "以村集体为核心进行公司化运作"类型，即以当地政府或村集体为核心，组

①② 乡村产业发展五大模式［EB/OL］.（2021 – 12 – 04）. https：//cali. swupl. edu. cn/mzxsrdbb/312533. htm.
③ 《山西省现代农业发展规划（2012 – 2015 年）》出台［EB/OL］.（2012 – 10 – 25）. http：//www. shanxi. gov. cn/zfxxgk/zfxxgkzl/fdzdgknr/ghxx/202005/t20200520_5988837. shtml.
④ 张红宇. 乡村产业发展的国内实践与国际经验［J］. 中国发展观察，2021（No. 09 – 10）：99 – 100.

织形成村集体开发经营公司或地方行业协会，聚合组织优势带动乡村发展，代表案例有袁家村、中郝峪等。

③"返乡创业带头人带动乡村发展"类型，即通过具有新技能、新思想的返乡创业群体，整合当地特色资源，形成具有地方特色的发展模式，带动乡村发展，代表案例有湖南浔龙河投资控股有限公司董事长柳中辉返乡创业，带头打造生态艺术小镇，形成教育＋生态＋文旅＋康养的乡村产业体系。

（2）以经营模式的产业构成划分。

①"农业＋"类型，即以当地农业为基础，通过产业融合来延伸农业附加值，发展集传统农业、休闲农业、互联网农业于一体的综合产业模式，代表案例有山东寿光市、四川金堂县等。

②"文旅＋"类型，即立足自然人文资源，发展乡村特色文旅，形成乡村文旅产业集群，并以乡村文旅赋能农业农村发展，代表案例有乌村、莫干山的特色民宿模式等。

③"互联网＋"类型，即立足当地经济禀赋，借力互联网发展数字农业、农村电商等具有多重附加值的产业模式，助力乡村发展，代表案例有山东菏泽曹县等。

2. 按照开发类型、产业类型和运营类型来划分，可以划分为以下九种模式。

（1）按开发类型划分。

①村集体带动模式。这种模式的重点在于由村集体和村民共同组织成立合作社、村集体开发公司等机构，并以集体机构作为所在村进行开发建设的主体，聚合当地优势资源发展多样化产业，形成村委会牵头、村集体企业组织带动、村民共建共享的发展模式。这种模式的代表案例有陕西省咸阳市礼泉县袁家村、山东省淄博市中郝峪村。

②村集体＋社会资本共同撬动模式。这种模式的重点在于以村委会为基础成立村集体开发组织，结合村所在地的自然资源、人文风光、经济基础等条件，引入商业化公司，借助其资金、技术、管理经验等优势，进行联合开发建设，形成村组织有序带动、外部企业精细化运营、村民增收致富的发展模式。这种模式的代表案例有河南省郑州市龙湖镇泰山村。

③外部资金撬动模式。这种模式的重点在于通过引入市场化企业，借助其资金、技术等优势，在政府参与及监督的前提下，进行市场化运作，同时引导村民自主参与。这种模式的代表案例有山东省临沂市竹泉村。

（2）按照产业类型划分。

①"民宿＋"发展模式。这种模式的重点在于以民宿为基础产业，依托当地特色自然人文资源，构建涵盖民宿、休闲、餐饮、亲子、农耕等多重元素的产业体系，辐射带动乡村发展。这种模式的代表案例有莫干山民宿、乌村一价全包精品民宿度假

模式。

②田园综合体模式。这种模式是集现代农业、休闲旅游、田园社区于一体的乡村综合发展模式，目的是通过旅游助力农业发展、促进三产融合。这种模式的代表案例有浙江省湖州市安吉县鲁家村、河北省迁西县"花乡果巷"。

③"红色文化＋"模式。这种模式的重点在于红色文化传承的保护性开发，发展革命传统教育、民居保护、民俗体验、民宿生态体验等完整的文化体验产业链。这种模式的代表案例有河南省临颍县南街村。

④乡村"电商＋"模式。这种模式的重点在于通过政府引导或返乡创业人员带动，发展网店营销、电商直播等农村电商新业态，为地方农产品拓展销路，推广地方特色品牌。同时以互联网赋能乡村产业建设，实现三产带二产、二产助一产的发展模式。这种模式的代表案例有山东省曹县、安徽省巢湖市"三瓜公社"。

（3）按照运营类型划分。

①三变模式。这种模式的重点在于当地村集体通过成立村合作社或开发公司等组织，对乡村周边的山林湖草等自然资源进行股权量化，形成村集体和村民的资产，同时整合闲散资金形成村集体和村民股金，实现资源变资产、资金变股金、农民变股东的"三变"。在"三变"基础上，通过引入外部公司或村组织带头等形式，打造乡村特色农旅的发展模式。这种模式的代表案例有贵州省舍烹村。

②综合发展模式。这种模式的重点在于坚持"以农民为主体、让农民共同致富"的理念，探索实施"公司＋项目＋村民入股"的综合性发展模式，全村人人是股东、户户当老板，休闲农业与乡村旅游一体发展。这种模式的代表案例有山东省淄博市博山区池上镇中郝峪村。

【知识拓展】

引导乡村民宿开发建设　推动乡村旅游提质升级[①]
——《关于促进乡村民宿高质量发展的指导意见》引发业界广泛关注

2022年7月，文化和旅游部等十部门联合印发《关于促进乡村民宿高质量发展的指导意见》（以下简称《指导意见》），进一步明确了乡村民宿发展的总体要求、重点任务和保障措施等，有利于形成布局合理、规模适度、内涵丰富、特色鲜明、服务优质的乡村民宿发展格局。

《指导意见》一经发布，便引发业界广泛关注。业界人士纷纷表示，《指导意见》着眼长远发展，思路清晰、任务明确、重点突出、措施具体，对于进一步推动

---

① 引导乡村民宿开发建设　推动乡村旅游提质升级 [N]. 中国旅游报, 2022-07-21 (001).

乡村民宿高质量发展、全面推进乡村振兴、更好满足大众旅游消费需求等具有重要意义。

"非常及时，十分重要。"不少业界人士表示，《指导意见》为推动乡村民宿高质量发展指明了方向，将进一步引导乡村民宿的开发建设，推动乡村旅游提质升级。

浙江省是率先通过综合施策和地方性法规实现民宿发展合法化、规范化的省份之一。近 5 年来，浙江省 11 个市和近 70 个县（市、区）陆续制定并实施民宿相关政策文件达 130 多个，民宿发展进入"快车道"。浙江省文化和旅游厅资源开发处的一位一级调研员表示，《指导意见》强调在地方党委政府的统筹领导下，加强部门间协调联动，解决乡村民宿发展中遇到的难点问题。通过多部门协调联动和数据共享，能够有效破解全国各地民宿发展中遇到的瓶颈和难题；通过强有力的政策保障制度，也可以为民宿产业发展提供坚实的支撑和肥沃的土壤。

甘肃省文化和旅游厅资源规划与乡村旅游处副处长张航认为，《指导意见》将有力推动乡村民宿业态蓬勃、规范和高质量发展，对进一步挖掘乡村资源优势，规范乡村民宿经营行为，提升服务水平和品质，推动甘肃民宿产业健康、快速、可持续发展等起到示范引领和带动作用。

"《指导意见》十分重要、非常及时，对促进山东乡村旅游民宿规范化、高质量发展，助力乡村旅游提质升级，构建城乡一体化旅游住宿接待服务体系意义重大。"山东省文化和旅游厅市场管理处有关负责人表示，山东将结合实际，认真抓好贯彻落实，推动乡村旅游民宿发展再上新台阶。

中国旅游协会民宿客栈与精品酒店分会会长张晓军认为，《指导意见》将国家战略化为实际行动，创新了乡村民宿管理和支持模式，符合乡村民宿产业发展规律。同时，明确了各部门的职责分工，有利于引导民宿产业规范发展、做优品牌。

二、大学生进行乡村产业经营的途径

2019 年 6 月，国务院印发《关于促进乡村产业振兴的指导意见》，指出产业兴旺是乡村振兴的重要基础，是解决农村一切问题的前提。乡村产业根植于县域，以农业农村资源为依托，以农民为主体，以农村三次产业融合发展为路径，地域特色鲜明、创新创业活跃、业态类型丰富、利益联结紧密，是提升农业、繁荣农村、富裕农民的产业。随着我国农业农村不断发展，农业经营主体由同质性的传统家庭农户，不断分化和发展，许多其他类别的经营主体不断涌现，它们相互作用，相互联系，不断丰富我国农业生产经营体系。在我国农业现代化发展过程中，它们起着非常重要的作用，推动了农业发展方式的转变，能够很好地解决农业发展中"谁来种地""如何种地"

等问题。从实际情况来看，在农村产业融合发展过程中，发起创新行为的主体通常是新型经营主体。它们是农村产业融合发展的主要力量。

（一）农村电商创业

农村电商创业模式是指通过电子网络链接各种服务于农村的资源，借助地域特色扩展农村信息服务业务和服务领域的一种模式。这种模式在充分利用农村农产品自产直营特点的基础上，最大限度地确保了毛利润，同时在包装及产品设计上成本较低；利用当地自然环境，开发特色农产品，将销售客户定位于有一定特殊需求的小众群体，形成稳定的客户群，保证自身的销售和竞争优势；借助互联网电商平台和短视频直播平台，充分链接当地特色，带货吸引消费者购买，提升销量。

与传统农民相比，大学生在互联网技术和电子商务应用上具有更大的优势，大学生可以利用农产品和农村资源实现电子商务创业，不仅可以实现个人价值，还可以提高农民收入，促进乡村振兴。2020年，随着国内经济"双循环"的开启和农业数字化新基础设施的建设，新电子商务对新农业生态的赋能正在加快，"新农业＋电子商务＋数字化"的复合产业链已经上升到国家和社会关注的层面，要大力发展智慧农业，积极推进农业生产经营管理和服务的数字化，推动农业全产业链延伸升级，加快乡村振兴步伐，促进农村三次产业融合发展，有效提高新型农民、新型主体的数字技能。同时，打造农业产业链，可以吸引更多的大学生返乡，投身于家乡的农产品电商事业，成为懂互联网、懂"三农"、办好家乡事业的"新农民"。

在机遇与挑战并存的数字经济时代，无论是传统的农业企业，还是新兴的电商企业，或是新型农业经营主体，对"本土化"的农村电商人才的需求越来越旺盛，新时代的大学生，可以说是既懂技术又懂市场，既懂服务又懂管理，可以利用自己的优势联系到靠谱的电商企业，搭建销售农产品的互联网渠道，大学生的参与可以挖掘更多有价值的农村资源，有效推动农村电商的快速发展，发挥复合型人才的生力军作用。

（二）创意农业的发展

在传统农业模式下，大学生与农民相比没有优势，大学生可以充分利用自身知识丰富、学习能力强的优势，借鉴国外一些发达国家的创新农业发展模式，更好地将科学因素和人文因素融入现代农业生产，极大地拓展和整合农业资源与功能，大力发展生活、生产、生态一体化的现代农业。借鉴德国、法国、荷兰、日本、美国等部分国家先进的创意农业模式，引入先进技术，充分利用自身文化知识，提高农产品附加值，谋划农业产业发展，融合创意理念和创意文化，在农业发展中不断创新，推动创新农业发展。例如，发展一些文化创新项目，如主题农场、休闲农场牧场、农业示范园区等，促进农业转型发展。

（三）生态科技产业和旅游产业的发展

农村土地的大规模流转集中了更多的土地资源，大学生可以充分利用这个时机，建设生态农业示范、生态农业生产、生态休闲的生态科技产业园，发展生态科技产业，传播并普及农业科技知识，提升农业科技水平。

（四）打造创意乡村产业

大学生了解年轻人的喜好，对时代发展有敏锐的观察力，可以用自己的知识和想法打造创意农村产业，提高农产品、农业资源的附加值，为农民带来种植农作物以外的收获。例如，可以打造婚纱摄影基地、快乐农场、度假村、田野拓展等产业，将新的创意理念与农村现有资源相融合，促进农村地区的发展和经济水平的提升，使农业产业更加多元化和现代化。农村产业多元化可以有效提高农村经济抵御风险的能力，让农民的经济收入不再仅仅是农产品的收获，促进农村经济"多腿行走"，让创新文化与农村农业深度融合。

（五）创新乡村旅游产业

乡村有丰富的旅游资源，乡村旅游在挖掘乡村自然和文化资源潜能、盘活乡村闲置资源、提高传统乡村经济附加值、调整优化传统乡村经济结构、促进农业增产农民增收农村发展等方面有重要的作用。近年来，随着中国旅游业的不断发展，一些乡村的旅游业已经成为当地的支柱产业。然而，随着时代的快速发展，一些地区的旅游业已经明显落后，亟须完善旅游体验、服务设施、基础生活设施、餐饮、住宿等方面。大学生思维灵活，视野开阔，在创新旅游方面具有很强的优势。大学生可以将大中城市的旅游服务和管理策略转移到乡村旅游，提高当地的服务水平和档次，为乡村旅游注入现代理念，吸引更多的人。

（六）其他产业的发展

大学生到乡村就业创业可以充分考虑当地农业生产情况，建立多元化的投入机制，根据我国当前大力推进环境保护，大力发展农村花苗产业，着力建设花苗聚集区，在美化农村环境的同时不断调整农村产业结构，为更多农民提供机会。推进农村建设，有利于提高农民收入，有利于解决"三农"问题。

大学生还可以在乡村设立微型和小型金融公司，加快农村商贸产业的发展，构建金融贸易产业一体化体系，将大量品牌商品带入乡村，满足农民的消费需求。

【案例阅读】

江苏无锡阳山：百名大学生返乡创业　撑起乡村产业振兴"半边天"①

华晨祖祖辈辈都生活在江苏无锡阳山镇光明村。2017 年大学毕业后，华晨放弃都市优越的工作待遇，选择回到家乡阳山种植水蜜桃，如今是无锡"玉玉果园"的园主。

"我们盛产的水蜜桃主要是通过网络销售……"说到自己靠网销水蜜桃和桃胶就年收入过千万元，皮肤黝黑的华晨笑得特别灿烂。

"80 后"刘任锴的经历，与华晨有点相似。大学毕业后，他第一站选择上海，在职场打拼数年后，他决定回到家乡扎根。"我们是新时代的农民，要有新时代的气息……"作为山南头民宿第一个吃螃蟹的人，刘任锴投资 260 万元开了一间以紫砂、茶叶、老物件、油画书画为主题的民宿——南山居。2018 年 3 月动工后，带动了一批新的民宿、农家乐、创业空间等项目进村。

南山居开在家门口半山坡的桃花间，来这里小憩，除了感受"世外桃源"的美景外，还可以享受天然美味，也可以自己采摘蔬菜水果，乐趣无穷。

在江苏省无锡市阳山镇，像华晨、刘任锴一样返乡创业的大学生有 100 多人。目前，阳山仅大学生引领的电子商务产业，在淘宝网就开设水蜜桃店铺 800 多家，网上销售过亿元，他们撑起了乡村产业振兴的"半边天"。

三、大学生进行乡村产业经营的校地合作

党的十九大报告指出，实施乡村振兴战略，培育新型农业经营主体，培养造就一支懂农业、爱农村、爱农民的"三农"工作队伍。当前，我国正开启全面建设社会主义现代化国家新征程，大学在"三农"人才培养方面具有强大的师生资源、专业的学科专业及科学研究等优势，肩负服务经济社会发展的崇高使命，为实施乡村振兴战略服务，为实现中华民族伟大复兴的中国梦贡献智慧和力量。在服务乡村振兴过程中，需要大学主管部门及地方政府联动，发挥政策的"指挥棒"作用，搭建起大学与政府、乡村联系的长效机制，建立常态化的校地协作平台。

（一）校地合作大学生作为人才提供智力和技术支持

首先，大学可以面向乡村定向招生，定向培养当地发展特色产业所需的专业技术技能型人才；大学还可以新设立智慧农业专业，主动服务国家新时代现代农业发展、

---

① 江苏无锡阳山：百名大学生返乡创业　撑起乡村产业振兴"半边天"［EB/OL］.（2020 - 12 - 17）. http://www.xqzzb.gov.cn/jwz/fc/cyjd/202012/t20201217_6508757.html.

生态文明建设、乡村振兴、绿色健康等战略需求，注重农业智慧生产、作物信息学、智能装备、农业产业链经营与管理等知识能力的训练，致力培养作物学、信息技术与农业工程技术等多学科交叉融合的创新型和复合型人才。

其次，高校可以加强与涉及农村产业发展的各行业龙头企业的合作，共同开展专业人才培养，在服务农村产业发展中形成共生共成长机制。例如，联合组织举办大学生农副产品营销大赛、农副产品直播大赛、"互联网＋农产品"创新创业大赛等社会实践活动，在提高大学生实践创新能力的同时，可以有效提高农副产品的知名度和市场影响力，从而增加产品销售，助力乡村振兴。

再次，高校还可以加强对农户的培训和引导，建立农户脱贫后的终身学习机制，全面激发农户学习的内生动力。高校可以以农村特色产业项目为载体，通过知识培训和技术指导，使传统农民逐步转变为现代农民，使传统农业逐步升级为现代农业，培养一批有文化、懂技术、会操作、终身学习的新型职业农民。

最后，校地联手创建科研技术推广基地、农业产业服务合作平台、学生实习基地等，地方和大学联手实施特色农产品的研究开发与示范推广，有效提高科研成果应用转化效率，提高农业产业综合效益。大学选派综合素质好、专业水平高、组织协调能力强的全日制在校优秀博硕士研究生，挂职担任村镇技术指导员，为乡村振兴注入新鲜血液。通过帮助农户打机井、建大棚、搞培训，教授和大学生带领大家建设各种农业合作社，发展设施农业。也可以共同建设农业科技园区与农业技术服务平台，实现县市基地农产品三产融合、产业深加工，打通农技服务推广的"最后一关"。

（二）大学生通过产业研究协助当地政府做好产业规划

大学生作为参与乡村振兴的重要力量，可以充分发挥自身在智力和科技等方面的优势，围绕农村产业发展中的时代命题开展科学研究和技术研究，在农村产业发展的前沿做科研课题，在广袤的农村土地上写论文，协助地方制定和完善产业规划。

首先，大学生要有高度的历史使命和行动自觉，增强服务社会本领，通过学校积极开展校政合作，把参与乡村振兴作为一项义不容辞的任务，立足乡村特色优势产业，对乡村开展深入的调查研究，寻找科学研究和乡村服务的新方向与新作为。

其次，大学生在协助当地政府进行产业规划时，要坚持创新、协调、绿色、开放、共享的发展理念，协调好农业发展、农民致富和农村稳定三者之间的关系。乡村产业的发展要以特色农业产业为主导产业，在此基础上，依托特色农业产业，适当发展农产品加工、贸易服务等第二、第三产业，延伸主导产业价值链，实现农民增收致富。科学研究直接匹配当地产业发展，为实施乡村产业振兴与技术转化提供智力支持和科技支撑，促进绿色安全、优质高效的乡村产业体系建立，促进多产融合发展，有效延长农业产业链，促进文旅农旅的深度融合，为产业融合发展发挥重要作用。

（三）大学生成为现代农业技术推广员

现代农业技术推广员是国家在农村发展过程中投入的新人才，目前全国农村农技推广机构人员近55万名。农业技术推广主要包括：一是科技成果的推广，将成熟的科技成果推广到农村农业生产的一线，帮助农民将成果真正落实落地，提高产能效能；二是推动农业经济的发展，提升农业生产效率，提高农产品质量，将生产、旅游同电商结合起来，增加农民收入；三是促进、参与新科技成果的研发，农技推广是一个实践的过程，在这个过程中，可以及时发现技术的不足，及时地进行调整，或者是进一步研发。在农业商品化、规模化、机械化逐步形成的过程中，大学生从事现代农业技术推广人员的条件也逐渐成熟，同时他们也是培育新型农业生产的主体之一，能够为农业发展提供有力保障。

（四）大学生以咨询服务团队形式为乡村产业发展提供帮助

乡村产业经营在实施的过程中不可避免地会遇到各种问题和挑战，大学生可以联合不同的学校和平台成立由育种专家、栽培专家、农业项目运营专家、营销专家、农村电商专家等组成的大学生专家咨询服务团队，坚持"扶志"与"扶智"相结合，在激活农户致富梦想的同时，为他们提供知识培训和技术指导。大学生专家咨询服务团队的培训指导可以采用定期培训指导与远程咨询指导相结合的形式进行，在特色产业发展的每个阶段，从综合素质、生产技能、产业经营管理能力、新型农民职业教育等方面对参与产业发展的农民进行定期培训指导，利用远程通信技术和互联网技术及时指导农民发展特色产业。

第三节　大学生回流乡村就业创业

乡村的发展、现代农业的发展需要一支懂农业、爱农村、爱农民的"三农"工作队伍，乡村人才振兴要靠内部人才和外部人才共同助力，内部人才主要是乡村本土人才，乡村本土人才在乡村振兴中发挥基础性作用，但乡村本土人才规模、劳动力素质、人才结构等方面都存在一些短板，现代农业发展仅靠乡村本土人才远远不够；外部人才主要靠农业科技人才、实用技术人才和创新创业人才等支持，但由于乡村整体环境不佳，外部人才难以向乡村流动。大学毕业生回流乡村，能带动资金、技术等其他生产要素的流向，也有助于加快国内资源要素大循环和城乡融合发展；大学生回流乡村创业不仅解决了自身就业问题，还为当地创造更多的就业岗位，从而提升当地就业率，更能使乡村留住劳动力，实现农村劳动力更多就地转移。大学生回流乡村创业，作为

"新农人"将给乡村带去新气象,在"大众创业,万众创新"的鼓舞和乡村振兴战略实施的推动下,大学生返乡创业也已蔚然成风。

一、大学生回乡创业成为乡村致富带头人

2020年6月,农业农村部等9部委联合印发《关于深入实施农村创新创业带头人培育行动的意见》,要求培育一批饱含乡土情怀、具有超前眼光、充满创业激情、富有奉献精神、带动农村经济发展和农民就业增收的农村创新创业带头人,壮大农村创新创业人才队伍,提升农村创新创业层次水平,而返乡创业的大学生是这支队伍的中坚力量。

乡村振兴,关键在人。为深入贯彻落实习近平总书记关于推动乡村人才振兴的重要指示精神,落实党中央、国务院有关决策部署,促进各类人才投身乡村建设,2021年,中共中央办公厅、国务院办公厅印发了《关于加快推进乡村人才振兴的意见》。

习近平总书记指出,要培养农村致富带头人,促进乡村本土人才回流,打造一支"不走的扶贫工作队"。[①] 乡村致富带头人是农村经济发展的带头人和带领群众致富的领路人,是创新创业的探索者和实践者。

(一)乡村致富带头人的概念和特质

乡村致富带头人是指在新农村建设以及乡村振兴战略实施过程中涌现出的农业能人,他们通常是种植、农产品加工、养殖等农业相关行业中的佼佼者,在率先致富的同时,能够充分发扬奉献精神,带领当地农民共同致富。

乡村致富带头人往往有以下几种特质。

1. 有较强的创新意识和冒险精神。他们以争取利润为目的,结合当地实际,善于抓住各类政策和机遇,用前瞻性的智慧探索出致富道路,成为改变农村思想、推动农业现代化发展的领路人。

2. 有为民情怀和较强的生产经营能力。热爱农村,愿意带领农民致富;为了获得更多的经济效益,乡村致富带头人能够合理利用现有资源和生产要素,及时了解生产、销售、消费市场的动态,并根据市场变化,做到生产经营策略及时、准确调整;注重产品包装,通过深加工、拓宽销售渠道、打造品牌等,提高农产品附加值和市场竞争力;探索组建合作社、协会等农业主体,增强对市场的抗击力和适应力。

3. 具备较强的领导能力。乡村致富带头人一般在当地有一定的威望,能与当地农民群众和谐相处,积极支持参与建立基层党组织和提升乡村治理水平工作,并有为当

---

① 习近平:更好推进精准扶贫精准脱贫　确保如期实现脱贫攻坚目标 [EB/OL]. (2017 - 02 - 22). http://www.cac.gov.cn/2017－02/22/c_1120512054.htm.

地乡村经济社会发展做贡献的意愿和行动。

（二）大学生乡村致富带头人的重要意义

大学生乡村致富带头人饱含乡土情怀、富有前瞻意识、充满青春活力、干劲闯劲十足、富有奉献精神。先富带后富，共同富裕。全面实施乡村振兴，发挥大学生乡村致富带头人领富带富致富的积极作用，能够引领农民跟着干、带领农民一起赚，增加产业规模，延长产业链条，拓展产业形态，形成"发展一方产业、带动一方经济、致富一方百姓"的良好局面。

1. 大学生乡村致富带头人是乡村产业发展的中坚力量。产业兴旺是乡村振兴的基础和关键，是解决农村一切问题的前提。只有实现乡村产业振兴，才能更好地推动农业全面升级、农村全面进步、农民全面发展。大学生乡村致富带头人成为乡村产业的领路人，他们有文化懂技能、富有创新精神，可以利用技术、信息等方面的优势，运筹人力资本和多种资金，综合利用政府的各项扶持政策，依托当地的特色资源，拓展农业多种功能、挖掘乡村多元价值，引入或创办新企业，发展农产品加工，延伸产业链，拓展新市场，开发乡村生态旅游，发展农村电商，培育农耕体验、研学科普等新业态，促进农业现代化，推动农业与现代产业跨界配置要素，破解城乡二元结构，打通城乡资金、技术、人才等要素流动，促进本地乡村产业的发展，带动引领本地农民群众激活内生动力，赋能乡村全面振兴。

2. 大学生乡村致富带头人是推进乡村振兴的重要力量。乡村振兴，关键在人。一直以来农业农村发展的最大瓶颈在于人才短缺，无数的实践证明，哪里聚集的人才多，哪里乡村振兴的成果就多，农业强、农村美、农民富的步子走得就快、就稳，乡村振兴需要有文化、懂经营、会技术、善管理、能治理的人才队伍。大学生乡村致富带头人作为新农人和领路人，是农民群体的优秀代表，是新思想、新技术的实践者，是艰苦创业、奋斗不息、自力更生的典范，对产业有更深刻的认识，对市场有更快的反应，对周边农民群众增收致富发挥着示范带动作用。我国已经取得脱贫攻坚的胜利，全面建成了小康社会，正在迈向社会主义现代化强国和中华民族伟大复兴的新征程。实现现代化最艰巨最繁重的任务仍然在农村，实现农民群众共同富裕还有很长的路要走，任重而道远。榜样的示范带领作用似春风化雨，润物无声。大学生乡村致富带头人能发挥先富带后富，携手奔富裕的"头雁效应"，实现影响带动周边农民群众共奔致富路的示范引领作用，进一步激活农民群众增收致富的内生动力，调动起广大农民的积极性、主动性和创造性，形成乡村振兴的"大合唱"，加快乡村振兴步伐。

3. 大学生乡村致富带头人是提升乡村社会治理水平的关键力量。中国社会是一个有着悠久农耕文化传统的乡土社会，山水田园、阡陌乡村浸染其中，承载着国人千回百转的乡愁。大学生乡村致富带头人多是乡村新思想、好模式、强经济的重要贡献者、引领者，自然也是道德伦理的重要影响者，促进乡村有效治理的关键力量，并形成了独具特色的"能人治村"模式。

（三）大学生乡村致富带头人的实践

大学生乡村致富带头人往往具有强烈的乡土情怀，不畏艰辛、甘于奉献的精神，对自己的角色有比较清晰的认知和定位，信念坚定而又满怀信心，富有强烈的责任感和使命感，并通过在自己所学所长的领域和在农业生产经营实践积累的丰富经验知识探索乡村发展的新思路、开辟增收致富的新途径，可以发挥其辐射力、影响力和号召力，实现先富带后富、领富致富。火车跑得快，全靠车头带。大学生乡村致富带头人较普通农民群众创业干事走在前列，思考更加全面，眼光也更加长远，具有一定的致富能力及带动能力；大学生乡村致富带头人就在农民群众身边，他们的成果容易被农民群众认可，容易得到农民群众的信任，能够激发农民群众的创业致富热情，能够带动本地农民群众参与到致富队伍中，形成强大合力，共同出力、共谋发展。

大学生乡村致富带头人作为乡村的创业力量和人才资源，在实践中主要发挥了五个方面的重要作用：一是大学生乡村致富带头人发挥自身优势，率先干事业、做产业，不仅涉足传统农业中的种植业和养殖业等，还懂得运用现代化农业生产、农产品流通、电子商务知识等开拓新业态，给农村带来长足的发展动力。二是大学生乡村致富带头人通过言传身教、示范引领，经常向周围农民群众宣传致富经和致富路，给本地农民群众带来巨大的牵引力。三是大学生乡村致富带头人往往更容易获得政府科技专业人员、农业辅导员的技术支持和帮扶，能够不断更新自己的技术知识，不断增强自己的带富能力，有能力有条件经常组织当地农民群众开展农业培训，通过传、帮、带、助，加强了乡村人才的培养。四是大学生乡村致富带头人在先富带后富、领富致富的过程中，能够在政策、产业发展方面得到更多支持，也有更大的能力招商引资、聚集资金，从而帮助当地农民群众。五是大学生乡村致富带头人对市场比较敏锐，能够较好地把握市场风向，采取恰当的经营模式，为当地农产品开拓市场、扩大销路，增强了产业兴旺的终端销售环节，提高了农民群众生产的积极性和主动性。

"头雁"领飞，当前，大学生乡村振兴致富带头人主要表现为五大类。

1. 家庭农场致富带头人。家庭农场大家并不陌生，主要包括家庭农场主、专业种植大户、养殖大户及农家乐业主等，这也是当前构成新型农业体的主要框架。

2. 农民合作组织类致富带头人。农民合作组织又称农民专业合作经济组织，涵盖种植业、畜牧业、水产业、林业、农产品运输业、农产品加工及销售服务等领域，是发展实施农业产业化经营的一支新生组织资源。

3. 农业企业类致富带头人。涉农相关企业，无论是农产品深加工企业，还是肉制品深加工企业，只要是有利于消化当地农产品，并为农产品带来一定附加值，从而提升农产品身价的企业，无论大小，都可以归为农业企业。

4. 新型农村集体经济组织类致富带头人。传统农村集体经济组织基本上是以村为单位的，是除国家以外，对土地拥有所有权的唯一组织，采取的是农民自愿，连同土地、农具、人力等一起加入集体的一种组织形式。而新型农村集体经济组织既被赋予了集体经济的灵活性，又继承了传统集体经济的组织优势，如果说个人或小型集体组织是艘小船，那集体经济体就是一艘航母，这对于掌舵人的能力和责任都是一种极大的挑战。

5. 农业社会化服务及其他类致富带头人。农业社会化服务不难理解，简单讲就是为种植组织或个人提供服务的团体或个人，如农业技术服务团队、农业机械服务团队、农业种植规划团队、农产品分销团队等。农业社会化服务的主题就是让种植者更轻松，在种植呈规模化的当前或未来，农业社会化服务组织将会起着非常重要的辅助作用。

【案例阅读】

26 岁大学毕业生成乡村致富带头人①

广西容县灵山镇六良村的吴永振，凭借搭建大棚种植食用菌圆了自己的创业梦，还撑起了父老乡亲的致富梦，从一名大学生成长为当地致富带头人。

2018 年，吴永振一家还属于建档立卡贫困户。由于在大学期间积累了食用菌种植的理论知识和实践经验，吴永振毕业后就返乡发展食用菌产业。在扶贫干部的帮助下，他解决了初期资金和用地困难问题，随后逐步完善生产设备，扩大种植规模，从最初的两个小菇棚发展到现在占地面积 10 亩的君诚食用菌种植基地，并在 2019 年顺利脱贫摘帽。

由于食用菌具有投资少、见效快、效益好的产业特点，从创业初期开始，吴永振除了吸纳村民到基地务工就业外，还成功带动部分有意向有能力的村民一起种植食用菌。2021 年，吴永振利用中央、自治区扶持壮大村级集体经济的项目资金 100 万元，建成一个标准化规范化的食用菌基地，实现全年种植菌棒约 20 万棒，产业辐射5 个村，带动群众就业人数约 50 人，人均增收达 2 万元，村级集体经济增收 30万元。

---

① 吴永振：小菌菇撑起"致富伞"［EB/OL］.（2022 - 02 - 23）. http：//gx. people. cn/n2/2022/0223/c390645 - 35145687. html.

二、大学生担任村官书写"脱贫经"

选聘高校毕业生到村任职，是党中央着眼于加强"三农"工作、巩固党在农村的执政基础而作出的一项战略决策。2008 年 4 月，在中央组织部、教育部、财政部等部门印发的《关于选聘高校毕业生到村任职工作的意见（试行）》中指出，为加强农村基层组织建设，培养有知识、有文化的新农村建设带头人；培养具有坚定理想信念和奉献精神，对人民群众有深厚感情的党政干部后备人才，形成来自基层和生产一线的党政干部培养链；引导高校毕业生转变就业观念，面向基层就业创业，到经济社会发展最需要的地方施展才华，为建设社会主义新农村、实现全面建设小康社会宏伟目标提供人才支持和组织保证，决定在全国范围内开展选聘高校毕业生到村任职工作。

（一）大学生村官的概念和特质

大学生村官，是指应届全日制普通高校本科及以上学历毕业生，通过组织人事等相关部门的考试后，入选担任村党支部书记助理、村主任助理或其他职务，也称选聘高校毕业生到村任职工作计划，是国家开展的选派项目。大学生村官岗位性质为"村级组织特设岗位"，系非公务员身份，其工作、生活补助和享受保障待遇应缴纳的相关费用由中央和地方财政共同承担。

大学生村官的工作管理及考核比照公务员有关规定进行，由县（市、区）党委组织部牵头负责、乡镇党委直接管理、村党组织协助实施；人事档案由县（市、区）党委组织部管理或县（市、区）人力资源和社会保障部门所属人才服务机构免费代理，党团关系转至所在村。

选聘的高校毕业生是中共正式党员的，一般安排担任村党委组织书记助理职务；是中共预备党员的或非中共党员的，一般安排担任村委会主任助理职务；是共青团员的，可安排兼任村团组织书记、副书记职务。经过一段时间的实际工作，被大多数党员和群众认可的，可通过推荐参加选举担任村党组织书记、副书记等职务。选聘的高校毕业生在村工作期限一般为 2 ~ 3 年。工作期满后，经组织考核合格、本人自愿的，可继续聘任。不再续聘的，引导和鼓励其就业、创业。[①]

大学生村官应有的特质：

1. 要志存高远、坚定信念，在推进农村经济发展和社会进步中实现自己的人生价值。

---

① 关于选聘高校毕业生到村任职工作的意见（试行）[J]. 中华人民共和国教育部公报，2008（6）.

2. 要勤于学习、善于学习，在与农民群众"摸爬滚打"的交往中吸取营养、增长智慧。

3. 要勇于开拓、大胆实践，在建设社会主义新农村的伟大实践中经风雨、长见识、增才干。

4. 要尊重农民、心系群众，在服务农民群众中增进同他们的感情，赢得他们的信任、理解和支持。

（二）大学生村官的重要意义

大学生村官工作是党中央为加强社会主义新农村建设和培养党的事业接班人作出的一项战略举措，对于改善农村基层干部队伍结构，培养新农村建设骨干力量和党政干部后备人才，推进新形势下农村改革发展，夯实党在农村的执政基础具有重大意义。

1. 建设社会主义新农村，需要大批有科学思想、知识和眼光的新农村建设骨干力量。

2. 保证党和人民事业薪火相传、后继有人需要培养大批经受过基层特别是农村艰苦环境锻炼，与人民群众有深厚感情的后备干部人才。

3. 鼓励大学生面向基层就业，需要大批有理想、有抱负、能吃苦的高校毕业生发挥表率作用。

（三）大学生村官发展历程

大学生村官政策是党中央立足我国国情所作出的一项战略决策，是中国特色社会主义道路上应运而生的特色部署，这项政策从无到有、从弱到强，经历二十多年发展道路，从最开始部分地区的自发性探索尝试，到后来各省份较为广泛的试验普及，再到现在全国范围内的实施推广，甚至已经成为促进高校毕业生就业和乡村振兴发展的双赢战略。根据大学生村官政策发展历程，大致可以分为以下三个阶段。

第一阶段，各地自发探索的萌芽阶段（1995～2004 年）。大学生村官政策，最初能够追溯到江苏省徐州市丰县在 1995 年摸索尝试的"雏鹰工程"。20 世纪末，在改革开放的快速发展环境下，社会中的各项事业都取得较为快速的进步和壮大，但在这种快速发展的过程中，社会中出现了一些不协调、不稳固、不可持续的问题，其中，农业、农民、农村工作同城镇化发展的不平衡严重制约了社会经济的健康发展。为进一步加快农村落后地区的经济提升，引进具有现代管理能力和科技素质较高的人才投身农村，1995 年，丰县结合地域人才需求实际和农村发展问题，摸索制定出发展农村人才实施方案，即"雏鹰工程"。这一年丰县共选聘 13 名高校毕业生到村任职，即为"全国第一批大学生村官"；"雏鹰工程"连续开展 4 年，选聘人数合计 63 名。这些高校毕业生在工作中苦干实干、久久为功，不仅成为全心全意为人民服务的大学生村官，还成为推动农村文化文明建设的引领者和建设者，他们积极主动为农民群众探求致富发展经，传承弘扬优秀民俗文化，致力提升农民群众精神水平，为社会主义新农村发展建设提供强大的智力支持和思想保障。"雏鹰工程"的萌芽试验，初步证明选聘高校毕业生到村任职、扎根基层、服务百姓，可以助推基层市场经济、带动农村工作进步，为高校毕业生就业、从业开辟新出路，为大学生村官政策推行进行了早期的试点试验。①

第二阶段，大范围试验推进的发展阶段（2005～2008年）。随着高校毕业生的就业难问题和"三农"问题逐渐被社会关注与重视，大学生村官政策开始在更多地区摸索推进、试验前行。2005年6月，中共中央办公厅、国务院办公厅印发《关于引导和鼓励高校毕业生面向基层就业的意见》，要求各省份要充分认识到引导和鼓励高校毕业生面向基层就业的重要意义，完善鼓励高校毕业生到西部地区和艰苦边远地区就业的优惠政策，加大选调应届优秀高校毕业生到基层锻炼的工作力度，实施高校毕业生到农村服务计划，大力推广高校毕业生进村、进社区工作，并提出"争取用3到5年时间基本实现全国每个村、每个社区至少有1名高校毕业生的目标"。

第三阶段，全面推广的普及阶段（2008年至今）。自2008年开始，大学生村官政策在全国加速施行，中央对此高度重视，并给予充分肯定；同年3月，中央组织部联同教育部、人社部等部门召开选聘高校毕业生到村任职工作推进座谈会，探讨这类群体的输入、组织、管理、培训、输出等路径；4月，这些部门联合印发《关于选聘高校毕业生到村任职工作的意见（试行）》，明确提出从2008年起，计划通过5年时间在全国范围内选聘10万名高校毕业生到村任职，致力培育出一批对党忠诚、信念坚定、勤政为民、甘于奉献、清正廉洁、热爱为民服务事业的党政干部后备干部，形成一个上接天线、下接地气的党政后备干部培养渠道。至此，大学生村官政策上升到一个新的发展高度，成为一项国家战略计划，并在全国推广普及。

从2008年开始，根据中央组织部的要求和部署，在全国范围内招聘优秀大学生到农村任职，村民们亲切地称其为"大学生村官"。大学生村官从无到有，我国逐步地探索出了一条具有中国农村特色的大学生村官制度。不容置疑，大学生村官到农村任助理，给我国农村注入了一股新鲜血液，虽然这些刚出校门的大学生对农村的状况不是很了解，有的甚至是头一次接触农村，但是，他们身上的知识和大胆的思想正是当前中国新农村建设最需要的财富。

然而，大学生当"村官"，从城里到农村，从学校到田间，从经济文化发达的都市到相对偏僻落后的小村，这就要有一个适应的过程。虽然现在的条件比之前要好得多，但对于初出茅庐、优越感较强的大学生来说还是要有个适应的阶段，这就需要从

_____

① 袁德政. 大学生村官促进农村精神文明建设的路径探究［D］. 沈阳：沈阳建筑大学，2020.

思想上、行动上尽快接触农村，贴近农民。要根据大学生的服务意愿和专业特长，充分发挥他们的作用。要为他们开展工作创造良好环境和条件。"引得来"是前提，"留得住"是基础，"用得好"才是关键。

（四）大学生村官的实践

大学生村官，不仅仅是一种称谓，要真正发挥其积极作用，就必须明确职责，科学定位角色，当好农村精神文明建设"五大员"：一是要成为精神文明建设政策的宣传员，二是要成为精神文明建设决策的参谋员，三是要成为精神文明建设信息的信息员，四是要成为精神文明建设活动的组织协调员，五是要成为社会民情的调研员。大学生村官要紧密结合地域农村文化实际，找准自己位置，明确自身角色，助力农村精神文明建设蓬勃发展。①

1. 大学生村官对农村文化传播的影响。

（1）大学生村官是受传者。大学生村官接受到高等教育的培养，一般具有较高的文化素质，在新媒体普及背景下，对新媒体的使用广泛，接受能力较强，受到各种现代文化的熏陶，具有正确的人生观、价值观和学习观，能够客观辨别农村文化的优秀元素，利于挖掘符合新时代农村发展的优秀文化。

（2）大学生村官是传播者。大学生村官在接受高等教育的同时，接受党的培养，精力旺盛、服务意识较强，并且对工作充满热情。他们能够结合农村的实际情况，利用自己的专长，积极从不同渠道寻找适合农村文化传播的方法。借助新媒体技术（QQ、微信、微博、抖音、快手等）多渠道对农村文化进行传播，让更多的人了解和喜欢农村文化。同时，大学生村官坚持为人民群众服务的态度，有较强的责任感和使命感，积极向上级部门汇报农村文化建设的情况，以及农村文化建设和传播过程中的问题与建议，更好地推动农村文化的传播。

（3）大学生村官是把关人。大学生村官是农村文化传播的中间受众，接收到文化的各种信息之后，经过自己意识进行加工，再次向外界传播他们所了解的农村文化。大学生村官能够辨别他们接收到的各种信息好坏，能够正确筛选优秀信息，将不好的信息进行加工和修改，将农村文化和现代文化进行有机融合，然后以大家容易理解和接受形式传播出去，起到承上启下、沟通衔接的关键作用，促进农村文化传播。②

2. 大学生村官信任的建立：社会资本的运用与搭建。

到村（社区）任职是大多数大学生村官从学校进入社会的第一步，处于事业起步阶段的大学生村官，社会资本相对匮乏。大学生村官在意识到自身社会资本的劣势后，

---

① 袁德政. 大学生村官促进农村精神文明建设的路径探究 [D]. 沈阳：沈阳建筑大学，2020.
② 王焕梅，贺书霞. 大学生村官对农村文化传播的影响 [J]. 农村经济与科技，2021（6）：58－59.

往往会注重构建新的社会资本，扩大自身社会资本。

（1）方言的运用是融入村庄的重要媒介。方言能力越强的人，可以在迁入地搭建良好的社会网络，越能增强社会认同。外地大学生村官也将方言的学习和参与作为融入乡村生活的第一步。语言的学习和参与拉近了大学生村官与村民的距离，表露了大学生村官的友好态度，消减了村民的排外心理。

（2）集体活动的组织和参与。除了语言障碍，大学生村官与村民的思维方式和行为方式也存在差异，导致大学生村官与村民的沟通障碍，因此形式丰富、方法灵活的集体活动就成为大学生村官与村民沟通意见、落实工作的重要渠道。在集体活动的组织和参与中，大学生村官加强与村民群众和村组织的双重联系，逐渐实现了乡村社会的融入。

（3）借调则是大学生村官搭建与政府部门社会网络的又一重要途径。通过借调，大学生村官加强了与政府部门的联系，既有利于为村庄带来更多政府资源，促进村庄发展，也有利于增强大学生村官个人权威，推进工作开展。此外，也有大学生村官凭借知识能力和专业技能融入村民群众，打开工作局面。①

3. 大学生村官温和的变革：人力资本效用的最大化实现。

由于经济基础薄弱，青壮年劳动力流失严重，政策资源有限，村庄自主性较低，作为村庄的外人，大学生村官更是难以成为产业先锋带动经济变革和发展。扮演助理角色的大学生村官缺乏组织基础和个人权威，往往被安排到文职工作上，既不触及核心权力，又能够突出大学生村官的知识优势。

将自身定位为基层服务者的大学生村官，几乎不触及以调整经济结构为核心的村庄变革，而是通过乡风文明培育建设、民主政治建设、公共基础建设等方式改善乡村面貌。其中最为突出的成绩在于大学生村官依靠文书能力推动组织规范化。大学生村官作为接受过高等教育系统训练的青年人才，拥有较强的学习能力和规则意识，在文书工作和流程规范方面能够发挥自身能力优势，不仅转变以往僵化无序的旧工作方法，还帮助其自身获得组织认同。②

4. 大学生村官促进城乡经济发展，优化人力资本。

青年人有朝气、有思想、有冲劲、有改革创新精神，这些大学毕业生渐渐成为振兴乡村的主力军，为乡村建设带来了更为先进的管理观念与科学技术，优化了基层政府的人力资本构成，有效防止乡村政府管理层老龄化和思想固化等问题。众多年轻力量的加入，为基层发展与制度创新带来了更多的可能性，提升了基层组织办事效率，成为促进城乡经济文化发展的重要力量。③

①② 张龙，赖泽晴. 乡村人才振兴视角下大学生村官发展困境及行动策略 ［J］. 乡村论丛，2021（10）：71.

③ 宋文华，王子松，等. 乡村振兴背景下大学生村官长效发展机制研究 ［J］. 南方农机，2022（1）：17.

【案例阅读】

张广秀：平凡的"最美村官"传递中国正能量①

在庐上村工作的 400 多个日日夜夜，"先当村民，再当村官"的勤勉与朴实让她赢得了百姓的信赖。村里的"电子档案"建起来了，全村老百姓的"健康档案"建起来了……村里的大事小事活跃着她忙碌的身影。深入群众察民情，俯下身子问民需，她在实干中收获了群众工作的宝贵经验，在奉献中践行了青春的价值。无情的病魔袭来之时，她没有怯懦没有退缩。而今，她回来了，回到了庐上村百姓中间，兑现了自己"病好了，还要回去当村官"的诺言。

张广秀是山东省大学生村官群体的优秀代表。她于 2009 年 9 月考取烟台市大学生"村官"，扎根基层，虚心学习，吃苦耐劳，服务群众，以实际行动赢得了当地干部群众的好评。2010 年 9 月，张广秀被确诊为急性白血病，但她一直保持积极乐观的态度，坚持同疾病作斗争，同时仍然惦记着工作，挂念着群众。

她的事迹在全国引起了强烈反响，也牵动了中央领导同志的心。她全身心为村民服务，身患重病不忘本职，用真诚赢得了大家的认可。要总结宣传张广秀同志这样的先进典型，进一步引导大学生村官扎根基层、奉献才干、锻炼成长。

在中央领导同志和有关方面的亲切关怀下，张广秀到北京接受了手术治疗。经过专家的精心医治和护理，她的身体康复，于 2013 年 6 月回到村官岗位，继续为村民服务。2014 年 1 月 15 日，张广秀致信习近平总书记，详细汇报了自己的工作生活情况，表示一定不辜负习总书记的殷切期望，努力工作，服务群众，勤奋学习，不断进步，为实现中国梦作出自己的贡献。

三、大学生参与"特岗计划"

党的十六届五中全会提出了"切实提高师资特别是农村师资水平"的重要任务，《中共中央 国务院关于推进社会主义新农村建设的若干意见》进一步提出，"加强农村教师队伍建设，加大城镇教师支援农村教育的力度，促进城乡义务教育均衡发展"。

为认真贯彻落实党中央、国务院关于加强农村教师队伍建设和引导、鼓励高校毕业生面向基层就业的精神，针对农村义务教育阶段中小学师资力量薄弱、结构失衡、素质需要进一步提高等问题，2006 年，教育部、财政部、人事部、中编办在反复研究、深入论证、多方征求意见的基础上，制定了《农村义务教育阶段学校教师特设岗

① 张广秀：平凡的"最美村官"传递中国正能量 [EB/OL]. (2014-12-05). http://politics.people. com.cn/n/2014/1205/c70731-26157156.html.

位计划实施方案》，决定组织实施"特岗计划"。国务院领导同志对此高度重视，多次听取汇报，给予明确指示。这项计划是创新农村学校教师补充机制、吸引高学历人才从事农村义务教育的一项重大举措，也是引导和鼓励高校毕业生到西部边远地区就业的实际行动。

（一）"特岗计划"的概念和特点

"特岗计划"的全称为农村义务教育阶段学校教师特设岗位计划，是一项针对西部地区农村义务教育的特殊政策，由中央财政设立专项资金，用于特设岗位教师的工资性支出，通过公开招募高校毕业生到西部"两基"攻坚县、县以下农村义务教育阶段学校任教，引导和鼓励高校毕业生从事农村教育工作，创新农村学校教师补充机制，逐步解决农村师资总量不足和结构不合理等问题，提高农村教师队伍的整体素质，促进城乡教育均衡发展。

"特岗计划"有以下特点：

1. 坚持范围，严格条件。纳入"特岗计划"的县，必须是教师总体缺编、结构性矛盾突出、财力比较困难，但工作基础好、积极性高的县，"特岗计划"实施期内原则上不得再以其他方式补充新教师。

2. 中央统筹，地方实施。教育部、财政部、人事部、中央编办制定总体规划和年度计划，提出"特岗计划"教师总量指导性意见。各省"特岗计划"的实施工作，在省政府领导下，建立省政府分管教育的领导和省教育厅、财政厅、人事厅、省编办分管负责人参加的联席会议制度，统筹组织，统一安排。

3. 相对集中，成组配置。特设岗位教师工作岗位的安排应结合当地实际需求，按照学科结构，科学搭配。为了便于管理，岗位的设置要相对集中，避免过于分散，原则上1所学校安排3~5人。

4. 侧重初中，兼顾小学。特设岗位教师主要被安排在县城以下的农村乡镇初中，可适当兼顾乡镇中心小学。少数农村生源占60%左右的县城学校也可适当安排一定的特设岗位教师。

（二）"特岗计划"的重要意义

"特岗计划"对我国中西部农村教师转型换代起到了重大的作用，是我国中西部地区落实农村义务教育发展保障机制的重要举措；通过"特岗计划"直接或间接补充的教师是新中国成立以来数量最多、学历最高、待遇保障最为齐全的新一代农村教师。

1. 促进教育公平与公正。"特岗计划"百分之百地覆盖了国贫县、"两基"攻坚县、灾区县和边境县，对少数民族自治贫困县覆盖率达到78.3%，对革命老区覆盖率达到 79.6%。① "特岗计划" 能直接推进我国城乡之间、东西部之间的教育公平，能为教育底子薄弱的西部、中部贫困农村地区补充一批质量较高的乡村教师。

2. 推动教育扶贫与乡村振兴。"治贫先治愚，扶贫先扶智"。教育在阻断贫困代际传递中有着基础性和持久性的作用。教育精准扶贫必须要让贫困地区的孩子都能接受公平的有质量的教育，稳定的有质量的师资是基本保障。这不仅事关农村教育问题，也是解决留守儿童问题的切入点。"特岗计划" 始终优先满足连片特困地区和国家扶贫开发工作重点县村小、教学点的教师补充需求，让教育成为稳固脱贫成果、实现乡村振兴的 "金钥匙"。广大特岗教师在从事教书育人的神圣职责之外，还肩负着脱贫攻坚、参与社区建设、推动乡村振兴的各种具体任务，以实际行动投身建设社会主义现代化强国的伟大事业。

3. 引导高校毕业生基层就业。"特岗计划" 积极配合国家促进大学生就业相关政策，引导和鼓励高校毕业生到基层建功立业，缓解就业压力。95% 以上的特岗教师在乡镇及以下学校任教，其中 30% 在村小和教学点工作，直接服务于我国边远贫困地区义务教育最薄弱的区域和人群。② 据教育部相关数据统计，从高校毕业生就业来看，"特岗计划" 已经成为高校毕业生就业的重要渠道，是一项解决高校毕业生就业问题的重要政策。

4. 增进民族融合和社会稳定。"特岗计划" 在新疆、青海、甘肃、宁夏、内蒙古、云南、贵州、四川、广西等少数民族聚居区的实施（西藏中小学教师工资已由中央财政转移支付承担，因此没有实施 "特岗计划"），不仅能缓解这些地区师资不足的问题，还对促进民族融合、维护社会稳定、传承中华优秀传统文化、推广和普及国家通用语言文字教学等都发挥重要作用。③

（三）"特岗计划" 的发展历程④

2006 年，教育部等四部门联合启动实施 "农村义务教育阶段学校教师特设岗位计划"，公开招聘高校毕业生到西部农村学校任教。2009 年，在试点工作的基础上继续扩大实施 "特岗计划"，实施范围由 12 个省份和新疆生产建设兵团 "两基" 攻坚县扩大到中西部地区 22 个省份的国家扶贫开发工作重点县。

2006 年，只在西部 11 个省份以及纳入国家西部开发计划的湖北、海南部分 "两基" 攻坚县和新疆生产建设兵团的部分团场实施。

---

①② "特岗计划" 要让更多教师归 "乡" ［EB/OL］. （2021 – 05 – 06）. https：//m. gmw. cn/baijia/2021 – 05/06/34821325. html.

③ 提升农村教育质量："特岗计划" 实施十五年 ［EB/OL］. （2020 – 09 – 04）. http：//www. moe. gov. cn/fbh/live/2020/52439/sfcl/202009/t20200904_485101. html.

④ 提升农村教育质量："特岗计划" 实施十五年 ［EB/OL］. （2020 – 09 – 04）. http：//www. moe. gov. cn/fbh/live/2020/52439/sfcl/202009/t20200904_485101. html.

2009 年，范围扩大到中西部 22 个省份国贫县。

2012 年，范围调整为 11 个集中连片特殊困难地区、中西部地区国贫县、西部地区原"两基"攻坚县（含新疆生产建设兵团的部分团场）、纳入国家西部开发计划的部分中部省份的少数民族自治州，以及西部地区一些有特殊困难的边境县、少数民族自治县等地区。

2015 年，重点支持中西部老少边穷岛等贫困地区补充乡村教师，将连片特困地区以外的省贫县纳入政策覆盖范围。

2020 年，优先满足"三区三州"等地区县，特别是 52 个脱贫攻坚挂牌督战县以及新冠疫情严重地区县村小、教学点的教师补充需求。

2022 年，教育部办公厅、财政部办公厅联合印发《关于做好 2022 年农村义务教育阶段学校教师特设岗位计划实施工作的通知》，全国计划招聘特岗教师 67000 名。

（四）大学生参与"特岗计划"的实践

教师是教育发展的第一资源，是国家富强、民族复兴、人民幸福的重要基石。[①]义务教育是国家的公益性事业，农村、边远、贫苦地区优秀教师少，教学质量总体不高，难以满足中西部地区人民群众接受良好教育的需求，要加大对贫困地区、偏远地区教育的投入力度，发挥教师在推动贫困地区教育发展方面的支撑作用，重点帮助贫困地区儿童接受教育，让每个孩子都对自己有信心、对未来有希望。

大学生特岗教师作为一个特殊的教师队伍走进了我国中西部农村中小学，"特岗教师"已经成为农村教师补充的重要渠道，他们不但填充了农村中小学教师队伍的缺口，而且在实际教学工作中起到了无法替代的作用。

1. 大学生特岗教师使农村学校有了生机与活力。特岗教师的服务期为三年，在三年服务期间大部分特岗教师不会离开农村，因为大部分特岗教师都是大学刚毕业离开学校的新教师。一般情况下，作为新教师的前三年是最富有激情和活力的三年，是成长最快、最能给农村学校在教学管理等方面带来冲击的阶段。特岗教师在规定的三年任职期内，保证了其把最年轻、最富创造性、最不容易产生职业倦怠的三年奉献给了农村教育。

2. 特岗教师是农村学校现代化教学的拓荒者。随着农村义务教育的推进，很多农村学校都有了国家配备的电脑、软件……在特岗教师来之前，老教师们只会一些简单操作，更多的功能都被闲置，特岗教师来了，这些学校的现代化教学才开始被扩展。特岗教师大都具备电脑教学知识和计算机操作技能，有效带动了农村学校对现代化教学技术的需求，激活了农村学校硬件设备的使用。现在很多乡村学校的网站建设和学

---

① 中共中央、国务院关于全面深化新时代教师队伍建设改革的意见 ［EB/OL］. (2018 - 01 - 31). http: // www. gov. cn/zhengce/2018 - 01/31/content_5262659. htm.

校教师及学生的学籍信息管理都是由特岗教师负责。

3. 特岗教师计划促使部分农村地区的学生回流。特岗教师计划的施行正赶上我国城乡二元化社会的加剧形成以及乡村日益空漠化的时期，尤其是近十几年来，农村学校教学质量低下以及当前社会中普遍流行的"读书无用论"对农村孩子读书的信心和兴趣造成很大打击。不少地区的农村中小学学生是留守儿童，很多学生家长只知道赚钱养家，不关心孩子学习，学生自己也对学习没有什么信心或期待。特岗教师从改变学生的学习观念开始，树立学生学习的信心。年轻善良的大学生特岗教师们用实际行动逐渐赢得学生的认可，通过持之以恒的努力逐渐扭转了学生对待学习的观念，纠正了学生的学习态度，促使部分农村地区的学生回流。特岗教师来之前的一些农村地区，由于师资缺乏导致学校发展不均衡，优质生源流向外地或私立学校的趋势十分明显。特岗教师使得农村公立学校的师资得到大幅度提升，教师素质和工作能力逐渐得到当地学生家长的认可。对于经济条件较差的家庭来说，特岗教师的到来，无疑是雪中送炭。[①]

思考题

1. 新时代大学生乡村就业创业的战略意义是什么？

2. 新时代大学生乡村就业创业的影响因素有哪些？

3. 谈一谈你了解和认识的新时代大学生乡村就业创业。

4. 新时代大学生进行乡村产业经营的困境有哪些？该如何破解？

5. 你认为新时代大学生乡村就业创业的发展策略有哪些？

---

① 代丽红. 特岗教师计划实践探索［D］. 南京：南京师范大学，2017.

第六章

新时代大学生乡村文化传承

第一节　大学生乡村文化建设的重要意义和主要内容形式

一、大学生乡村文化建设的重要意义

1. 大学生参与乡村文化建设有利于推进乡村振兴战略的实施，是党的十九大为繁荣、兴盛乡村文化，不断焕发乡村新貌、文明新气象而制定并推出的一项重大战略决策。其一，乡村文化建设因为大学生这些新鲜血液的加入而迸发出新的活力，乡村因此而注入了各种新颖、有趣的文化活动和先进的乡村文化理念，丰富了新时代乡村文化建设的思想内容，大学生也成为乡村文化建设的又一道新的精神支柱。其二，新时代的乡村文化建设因为大学生的加入，部分乡村传统文化得到更好的传承和推广，融入了更多新颖的推广途径和推广方式。从宏观上推进了乡村精神文明建设的进程，从而推进了乡村现代化的全面发展。

2. 大学生参与乡村文化建设是当代大学生得以发展成才的重要途径，中华传统根植于乡村，通过参与乡村文化建设，大学生能在建设过程中，深入了解我国的基本国情，理解中华传统文化发展的脉络并掌握新时代乡村发展的现状，在继承和传播乡村传统文化的过程中受到传统农耕文化的熏陶，在乡村文化建设中，磨炼和坚定自己的意志，提升自己的能力。同时，通过参与乡村文化建设中的各种活动，大学生积累到更多的社会实践经验，学习到课本中没有的知识，了解中国人情社会乡土情况，从中理解人情世故从而知行合一，在这个过程中，培育自身对传统文化的理解，了解古代建筑之美，清楚乡村民俗发展由来，促使大学生激发对传统文化的热爱，增强文化自信，增强乡村建设的热情，坚定信念，主动投身乡村振兴战略和乡村现代化建设的进程中。

3. 大学生参与乡村文化建设是理解城乡文化差别的重要举措，是建设现代化国家的重要支撑。城乡二元结构有其历史发展原因，也有时代的特点。城市承载的功能和乡村承载的功能有着重大的区别。城市的快生活与乡村的慢生活，城市的集中工业化

发展与乡村生态屏障、食品种植有着不同的发展模式。大学生参与乡村文化建设可以了解乡村生产、生活、风土人情，从而理解城乡发展的差别，为以后参与城乡治理、开发乡村产品打下实践基础。在参与乡村文化建设中生产出有别于城市工业化生产的生态产品，规划出有麦浪滚滚、小桥流水、青砖黛瓦的诗意乡村，打造"采菊东篱下，悠然见南山"的乡村生态文旅项目，赓续当地特色的乡村民俗，传承乡村传统技艺，让乡愁沉淀我们悠久的传统文化。把时代元素和传统文化进行融合建设现代化的乡村是当代大学生的重要使命与担当。

二、大学生在乡村文化建设中的主要内容

1. 大学生发掘与弘扬乡村传统文化。我国的乡村传统文化是中华传统文化的根脉，农业的 24 节气、传统节日活动、雕梁画栋的建筑、舞龙舞狮、剪纸刺绣等传统文化在内容和形式上都非常丰富，但随着时代和经济的发展，传统的农村文化观念和重要性逐渐淡化，很多传统民俗、民间技艺面临失传甚至已经失传，很多有价值的传统古建筑也得不到重视和保护，承载着传统文化的载体在不断消失，我们的民族特色也逐渐暗淡。由此，大学生作为中国青年的领军力量，要对乡村传统文化进行发掘、传承与弘扬。大学生先要深入学习和挖掘当地乡村的传统文化特色及其发展历史，要知其然更要知其所以然，从而深刻理解当地传统文化的独特性。乡村文化的形式多样，有可能是一棵百年古树、一间老旧的屋子，又或者是独有的戏剧、特有的服装样式，这些都值得大学生进行发掘和弘扬。

2. 大学生对乡村文化的创新与发展。进入新时代，我国社会主要矛盾发生了改变，人民对美好生活的需要日益增长。乡村文化建设在建设更先进的社会主义新农村的进程中具有关键作用，然而在农村经济飞速发展的过程中，过去适应当时农耕的乡村文化无法再适应现时的乡村文化发展。大学生作为新时代的栋梁，必须肩负起乡村文化建设的时代重任，利用所学所掌握的文化赋予乡村传统文化活动更多时代性和创新性，在文化活动的内容和形式上寻找更多突破，因地制宜，在各乡村对当地的特色文化进行新时代赋能，让乡村文化随时间的推移、地域的扩展而不断发展和传播，促进城市、乡村文化的相互传播与融合。如乡村独特的剪纸技艺可以和当代手工艺品相结合，在竹器上、在手机壳上、在衣服样式上、在室内装修上进行复刻，把传统融入现代生活，大学生既和乡村非遗传承人学习传统技艺，又赋予其更多现代的展现载体。再如给皮影戏赋予现代的光影效果，让观众在怀旧的过程中既感受到传统的技艺，又感觉到现代气息。传统与现代的结合既让文化得到延续也让传统文化焕发生命力。大学生在乡村支教的时候，可以组织孩子们一起学习，在教学方式上，可以使用多媒体设备进行展示，组织各种乡村手艺的活动，让乡村孩子接触到民间手艺，激发孩子们的

兴趣；同理，也可以把这些民间手艺带上城市的课堂。再者，可以想方设法地对这些民间手艺进行重新包装，讲好手艺背后的故事，使之与时代、生活结合，更有利于传播。

3. 大学生对乡村文化活动的组织与开展。城镇化的发展使乡村人才逐渐流失，遗留的村民不是老就是小，发展乡村文化意识淡薄。同时文化教育的缺失、个人精神追求的欠缺让村民参与大学生乡村文化活动的积极性、参与度偏低。面对这些情况，大学生在组织和开展乡村文化活动的进程中，需要先调查好当地群众独特的民俗文化，将文化活动和乡村当地的传统民俗文化相互融合，利用当地民俗来调动村民参与活动的积极性，通过民俗文化活动增强村民的凝聚力，创造引导各乡村主动开展文化活动的氛围。例如，现在很多乡村都修建了各自的文化娱乐场所，建造了各种文化娱乐设施，村民自发组建了文化活动团队等，大学生可以利用掌握的信息技术，组织在乡村内或乡村之间开展民俗活动并进行宣传介绍，提升村民参与文化活动的热情，如组织扭秧歌比赛、荷塘摄影赛、农技大比拼等，既能深入学习当地的文化，也能引导村民参与到乡村文化活动中，增强乡村的凝聚力，展现当地独特的民俗文化，从而进一步深化乡村的文化建设，推动乡村文化活动因地制宜地发展。

4. 大学生打造特色乡村文化品牌助推乡村振兴建设。广大乡村的农业产品没有品牌，大量乡村农旅项目没有特色，当今人们需求层次不同差异化明显。打造特色乡村文化品牌，发掘绿水青山中的金山银山，需要有时代眼光、掌握时代脉搏的大学生去研究塑造。而各地启动的"乡村文化品牌建设"工作更需要有文化、懂乡村的大学生参与。因为各地乡村独有的地方特色因经济、交通、文化水平等各种限制得不到公众的了解，大批文化特色产品无法走出乡村。因此，在乡村文化建设的背景下，大学生需要把握自身对时代敏感性，通过学习的知识分析市场的需求，结合各个乡村的地域优势、文化资源等资源禀赋进行梳理，把需求和传统文化对接，把创意和传统融合，打造有针对性的乡村特色文化品牌，让富含特色的乡村文化产品展现文化魅力，助力乡村振兴。把创新思想、推广技术和当地特色的文化资源对接，选准推广的切入点和推广媒介，重新包装、打造品牌。今天，很多高校大学生的创新创业项目都和乡村文化品牌相关，如乡村旅游文化、农产品文化、服饰文化等内容，经过大学生的重新包装和推广，大大增强了乡村文化品牌的核心竞争力，带动了乡村的文化发展和经济发展，例如，广东外语外贸大学的毕业生宋俊文创建的"宋小农"品牌，发展农村电商将广州增城优质农产品卖进粤港澳大湾区市场，创建广州长洲岛都市农业产业园，先后获得"全国乡村文化和旅游能人""全国农村青年致富带头人"以及全国大学生村官创业扶贫大赛金奖等荣誉称号和奖项，还被选为广州市人大代表。

三、大学生乡村文化建设的主要形式

1. 大学生下乡参与乡村文化建设。如今，许多乡村地区的发展仅限于物质层面，

而乡村文明建设的发展还非常落后。很多大学生利用暑假下乡参与社会实践活动，也就是所谓的"三下乡"活动，而乡村文化建设便是"三下乡"活动中的一项任务。大学生将先进的文化带到一些偏远的少数民族聚集地区，或者在交通不便的山区进行支教，结合当地特色文化，组织各种乡村活动，将文化"送下乡"，又或是以支教的形式参与到当地的教育中。

2. 组织"文艺演出""文化宣讲""文化墙"等。大学生组织各种文艺演出、宣讲，都必须重视对当地传统文化的挖掘与传承，将传统文化和文化活动相结合，不要让文化活动脱离老百姓的乡村传统和生活实际，不要只宣传自身带去的文化，而是要在这些活动中融入当地的传统文化特色，从而一点点推进乡村文化建设。

3. 帮助乡村实现弘扬乡村文化和特色的信息化。如今很多信息交流都实现网络化，乡村文化的各种宣传和推广都可以在网络中实现，大学生可以利用自身的专业，在各种网络技术上提供支持，例如，在文案推广、网络平台宣传、乡村直播、电商运营等方面，都可以对村民进行相关的培训和教育。还可以把当地的建筑、民俗、特色技艺、特色美食等数字化在网络上进行宣传。

4. 引入大学生村官。如今，我国乡村文化建设正面临着众多机遇和挑战，乡村文化建设既需要保留传统文化习俗的精髓，也要根据时代的发展而赋予传统文化新的改变和内容，让乡村文化适应时代的发展才能有生命力，才能得到传承和推广。这需要有知识、有文化、有能力的时代青年持之以恒地努力。但乡村面临着"难培养人才、难留住人才、难引进人才"的三难困境。于是，为建设乡村文化，更是为了乡村振兴战略实施深化细化，各地方为乡村引进了大学生村官。而所谓大学生村官，是指专科及专科以上学历的应届或是往届毕业生，这些毕业生是经过层层筛选的，有足够的知识和能力，他们一般担任乡村的村主任助理、村党支部书记助理或者是在村民委员会、党支部中担任一定职务，这样既可以为乡村的经济建设出谋划策，还能为乡村文化建设持之以恒地贡献力量，确保各种文化建设的措施和活动不会因为长时间缺少人才而无法持续、有效地实施和开展。

第二节　大学生讲好乡村文化建设的政策

一、新时代乡村文化建设的政策

1. 在《关于进一步加强农村文化建设的意见》中，中共中央详细规定了乡村群众的活动情况。文件指出，全国各大小乡村都要定期举办形式多种多样的集体文化娱乐活动，在形式上可以结合乡村文化特色，选取村民喜闻乐见、参与度高的活动，大力推动乡村文化建设。

2.《国家"十二五"时期文化改革发展规划纲要》中重点指出，在"十二五"期间，要着手建立并不断完善各城市和各大小乡村的公共文化服务体系，而其中，为实现乡村现代化，乡村公共文化服务体系的建立是重中之重。各级政府要出资、出谋划策，加大力度，尽快建设并完善好乡村的公共基础文化设施，如乡村需要的乡村大礼堂、文化活动广场、乡村文艺会演舞台、农家书屋、篮球场、健身器材等，公共基础文化设施的建立与完善，可以改善乡容乡貌，村民的活动与文化交流增多，有利于乡村营造浓厚的乡风气息。再者，在新时代，政府应该积极、主动地促进乡村寻求不同的途径，宣传和推广乡村原有的地域文化。众多乡村文化随时间的流逝逐渐被人们淡忘，因此，乡村在政府的带领下，必须尽快依据自身拥有的资源和乡村特色文化，着手建造保存乡村自身文化的基础设施，如乡村民俗馆或者乡村图书馆。关于本乡村的文学作品可以尽可能收集、摆放在乡村图书馆中，供村民阅览；乡村的历史背景、发展历程、节日习俗和著名人物则可以在乡村民俗馆中用图片墙、书籍进行展示。通过这些文化展示，来不断增强乡村村民的文化自豪感和亲切感。只要培养起村民的文化自觉，就能提升村民对自身乡村传统文化的认同感，从而提升他们的文化自信。由此，乡村文化能得到村民自发性的重视和保护。

3. 着重发展乡村的文化产业，可以将乡村文化和农业相结合，开发更多乡村产业，以此推动乡村的经济和文化共同发展。党的十九大报告中率先提出了这一发展理念，之后，2018 年 1 月 2 日出台的《中共中央　国务院关于实施乡村振兴战略的意见》和 2019 年 1 月 3 日出台的《关于坚持农业农村优先发展做好"三农"工作的若干意见》等文件相继完善了这一乡村发展理念。

4. 2019 年 1 月 3 日，党中央出台了一号文件《关于坚持农业农村优先发展做好"三农"工作的若干意见》，该文件指出要建设并完善各乡村的乡村大礼堂、文化活动广场等公共基础文化设施，增加乡村人民活动与文化交流的场所和机会，大力推动乡村精神文明建设的进程。而该文件出台的原因在于，过去只是在乡村盲目地加快农业农村现代化的进程，忽视了乡村文化同步建设的价值和重要性，导致很多乡村文化濒临消失。因此，要解决乡村"三农"问题以及顺利完成乡村振兴战略，必须重建乡村文化。

5.《关于基础教育改革与发展的决定》等由国务院颁布的重要文件中，详细规定了乡村教育资源的问题，例如，农村义务教育学校的布局调整，该调整方案在一定程度上缓解了过去乡村教育资源分散、不均的问题，也在一定程度上集中、优化了乡村现有的教育资源，使教育资源可以做到更合理的分配与利用。

6. 政府重视乡村文化的人才队伍建设。其一，乡村文化建设的重任必须由乡村村民肩负，因此，政府鼓励、支持乡村可以适时举办"村友会"，将在外务工、求学的乡友们召回乡村看看、团聚，设置体现乡村文化特色的活动。"村友会"的目的除了增进村民的感情以外，最重要的是让外流的村民能够有更多机会看到乡村的发展前景，增加人才回流的机会；此外，政府希望回乡的村民能够给乡村的文化发展给予帮助，出资、出力、出谋划策。其二，政府加大了对乡村文化人才的政策优惠。新时代背景下，乡村振兴关于引进人才的优惠政策非常不足。乡村文化建设的发展非常需要大学生等人才，但不能仅仅依靠大学生对乡村的感情留住人才，必须在政策上给予外来工作的文化工作者更多的政策优惠，例如资金补贴、住房优惠、工作环境优化、未来的工作保障等，政府提供的优惠政策保证切实落实，拒绝政策上的假大空。其三，切实对乡村村民进行文化教育与培训。虽然新时代乡村振兴有对乡村村民进行文化方面的职业培训，但乡村村民的参与度很低，整个文化培训往往只是一种形式，并没有对村民有实质性的培训和改变。为让培训真正落到实处，乡村的文化教育和培训受到政府的监督和定期巡查、考核，打击假大空的培训教育，不断完善并构建乡村文化教育体系，提高乡村人民的文化素质。在文化培训教育真正落实的前提下，重点培养一批有资质、有热情的专业人才，让他们成为能长期为乡村文化事业服务的专职干部和专职人员，填补干部空缺，减少一人身兼多职的情况。

7. 政府完善了乡村文化建设管理体制。在乡村文化产业日渐成熟的同时，产业管理体制也在尽快完善，让其和乡村文化产业都能更细致地发展。例如，政府对乡村文化产业的管理，更加细致、有针对性。文化产业相关方面的法律、限制都在逐渐健全、完善，做到各种情况、纠纷都有法可依，减少过度纠纷和产业侵权等问题。同时，政府领导在引领乡村文化产业上端正管理理念，引领乡村提高自身文化资源利用率，开发更多的文化产品和文化产业，以振兴乡村文化为前提，弘扬乡村文化特色和魅力，而不只是追求振兴经济和业绩。

二、大学生对乡村文化建设政策的宣讲

日渐完善的乡村文化建设相关政策为乡村文化建设确定了发展方向和路径。各种专业的大学生在每年暑假的"三下乡"时期，可以在各自下乡的乡村、山区进行宣讲，协助当地党委政府落实相关政策。在宣讲前，大学生一定要做好政策落地研究，将适合当地的政策理解清楚，与当地党委政府进行政策宣讲沟通，结合老百姓听得懂的语言，清晰明了地将政策告诉下乡所在地的村民。同时，大学生也可以对村民在乡村文化建设中遇到的问题进行答疑解难，用自身力量为乡村做力所能及的事。例如，大学生可以到乡村为村领导和村民宣讲与解释"政府推进乡风文明建设"和"政府要壮大乡村文化产业"的政策，告诉他们政策能为他们带来好处，尽己所能地帮助政策落实。如协助村规民约的制定、政策制度漫画化上墙、农产品包装设计、古村落3D

建模等，用自己的专业性知识为乡村文化产业品牌的打造出谋划策，提供技术上的帮助。

三、大学生对乡村文化建设成就的宣传

很多乡村的文化建设在政府政策的实施和有志之士的努力下，取得了巨大的成功，大学生应该肩负起宣传乡村文化建设成就的部分责任，可以分为对外宣传和对内宣传。

1. 对外宣传。大学生可以将自身在乡村帮助文化建设的过程和成就通过互联网在网络上宣传，在总结和传播援助经验的同时，更可以吸引更多的学生和社会人士关注乡村文化建设及其取得的成就，呼吁更多的大学生和社会有志之士能够去到乡村，投身到乡村文化建设的事业中。

2. 对内宣传。如今依旧有很多乡村的文化建设因各种限制还未起步，例如，因为乡村地域偏远，政策未曾普及，政府难以对其援助，或者是资金和人才不足，而导致建设缓慢，甚至是处于停滞阶段。大学生前往乡村，可以向乡村宣传同类型乡村文化建设成就。大学生可以先收集前往乡村的地理位置、资源条件、特色文化与过去的发展历程等相关资料，利用互联网、书籍整理类似的成功的乡村文化建设案例，把乡村文化建设的经验做法进行解剖分析。在下乡当地向村委干部、村民宣传先进乡村的经验做法，开拓他们的思路，引导和帮助当地村民制定他们的文化建设方案。

第三节　大学生讲好乡村振兴的故事

一、新时代乡村振兴的模样

"十四五"规划提出，进入新时代，必须要推进全面乡村振兴的进程，其中，要优先推进农村农业发展，把乡村建设放在社会主义现代化建设的重要位置，要想实现社会主义现代化，就必须实现农村现代化，乡村建设必须有理想蓝图，那新时代乡村振兴的模样到底是怎样的呢？我们从广西壮族自治区柳州市融安县的东起乡乡村建设中寻找答案。近年来，东起乡大力发展美丽乡村建设，如今已经为持续的乡村振兴工作打下坚实基础，农村的居住环境和生态环境得到完善与美化，乡风乡貌得到大幅度的提升，一幅幅新时代美丽乡村的画卷已经在东起乡中徐徐展开，画卷中的内容有以下几点，同时，这几点也展示了新时代乡村振兴的模样。

1. 宜居田园，村容整洁。东起乡在近几年旨在打造宜居的美丽乡村，在做好乡村规划的基础上不断推进美丽乡村建设的进程，美化村容、村貌，努力改善居住环境。

如今，乡村大小道路整洁、平直，特色乡村房屋建筑错落有致，一墙一砖一瓦古典雅致，乡村公共基础设施完善、美观，青山绿树环绕着一房一屋一建筑，乡村各处有青草小花点缀，乡村墙绘、壁画上的图案意境深远，乡村居民能够在此舒适生活、安居乐业。

2. 乡风文明，涵养底蕴。美丽乡村的内核、乡村文化振兴的关键是乡风文明。东起乡中的各村落建设有完善的公共基础设施，乡村图书馆、乡村大礼堂、乡村活动室、乡村文化馆、篮球场、公园及健身器材、长椅、石桌无一落下，乡村居民业余时间可以尽情休闲娱乐。在乡村宣传栏、墙绘壁画上，随处可见"乡村振兴战略""美丽乡村建设""社会主义核心价值观"等宣传乡风文明的标语，东起乡努力为乡村人民营造一种文明乡风的氛围，潜移默化地提升村民的乡村自豪感和文化自信。

3. 生活宽裕，百姓幸福。乡村振兴除了振兴乡村文化和改善乡容乡貌以外，还要重点发展乡村经济。而随着新时代乡村振兴战略的实施，美丽乡村建设的深入推进，东起乡的经济稳步上升，乡村人民的生活质量明显提高，开始过上富裕的生活，生活幸福感大幅提升。如今，我们能看到，东起乡很多村落中建立起整齐、漂亮的复式小洋楼，家门口的一辆辆小汽车停放整齐有序。

二、大学生写好新时代中国乡村故事

当前乡村振兴正在党委政府的推动下，在全国各地如火如荼地展开。在乡村有着土生土长的村民在辛苦劳作，也有着乡村干部奔波在抗洪、抗旱、防火或是乡村道路建设、文化广场建设等各类事务中，还住着各类人士，他们有的是穿梭于城乡之间，从事各种经济活动的商人，也有外来进乡村，从事乡村经济和文化建设的工作人员，此外，还有很多形形色色的人。面对新时代的乡风、乡貌，大学生需要怎样抒写好乡村题材呢？应该注意下列三点。

1. 乡村题材要深刻反映时代本质。大学生在进入乡村实践过程中，必须保持对人和事物的高度敏感，乡村中生产、生活、建设、节庆各个方面都是值得用心感受的，人和事物的表面往往是浅显的，要挖掘深层次的本质，切实感受乡村在这个时代方方面面的发展脉搏。如今是一个和平与万物飞速发展的时代，乡村的时代主题是推进乡村振兴战略，实现农业、农村的现代化，实现中华民族伟大复兴，这是14亿中国人民为之奋斗的目标，也是属于全体中国人的梦想。实现乡村各方面的振兴，是实现中华民族伟大复兴进程中的一大步。中国作家在这一伟大历史进程中，从来没有缺席，一直在书写乡村振兴的人和事，歌颂着我们这个时代的伟人事迹。大学生要书写中国的乡村故事，就必须要结合时代的大背景，除写出人民在这个时代所面临的艰辛和考验，歌颂平凡人在这个时代作出的光辉事迹之外，字里行间要反映时代本质和历史纵深感，最后要从这段岁月中反映出对未来的启示，唯有这样的作品才能在如今一个日新月异的时代里，成为经典，不断流传。

2. 大学生可以精心发掘、塑造时代新人。如上所述，如今的乡村有着形形色色的人和事，很多人都在用自己绵薄的力量为乡村振兴战略做贡献。例如，当代文学中，有很多关于中国乡村题材的文学作品，都成功地塑造了经典的时代新人，如《平凡的世界》里的孙少平、孙少安兄弟，《创业史》里的梁生宝等，他们在各自的时代背景下，用自己平凡的人生，干出了一番不平凡的事业，这些典型人物至今都对很多人有着深远的影响。大学生可以充分学习和借鉴这些作品塑造人物的成功经验，挖掘并用文字塑造出反映时代艰辛本质的时代新人形象，凸显他们在这个时代的新思想、新观念，歌颂他们的敢作敢为。

3. 大学生要努力在作品中追求史诗气魄。新时代呼唤新史诗。大学生要学习在乡村故事中，使用宽镜头、长景深，全方位地表现时代的沧桑和变化，学习中外优秀文学的人物表现手法，用心记录乡村人民为乡村做贡献的心路历程和发展历程，从个体到社会全体，密切关注社会的变化，刻画一个时代的精神，让故事作品中既有社会发展，还有个人情感发展和社会全体人民的命运历程，展现如同史诗般的庄严气魄。

三、大学生把新时代中国乡村故事讲给世界听

随着中国乡村文化建设的持续深入，很多以文化带动乡村振兴的故事正吸引着世界的目光。2019 年，在维也纳建筑中心，开展了以浙江松阳振兴为主题的展览，这一展览展示了浙江松阳如何在乡村振兴中将古建筑重新再造，以此激活传统文化，推动松阳文化复兴的故事。

建筑师徐甜甜是本次"松阳建筑针灸计划"的发起人，也是本次展览的焦点人物。徐甜甜早年毕业于清华大学建筑学院，之后出海求学，多年来在美国、荷兰从事建筑设计工作，直至 2004 年把自己的事业带回到北京，在国内屡获大奖。2014 年，徐甜甜首次来到了浙江松阳，虽然这个地方只有 100 多座古老的村落，但她却看到了这里的价值和未来。徐甜甜通过对几十个村落的走访、调研，最终选中了平田村口的几幢老屋，这是村中最破旧、属于原住民的老屋。

最终，在设计师徐甜甜的推动下，平田村口这几幢老屋经过几个月的改造，被改造成一个个公共文化空间，如农耕展示馆、红糖工坊、艺术家工作坊等。重新兴起的浙江松阳也因此而受到外界的关注，越来越多有志青年因此回到家乡创业，设计师叶科便是首批回到家乡松阳参加乡村建设的原乡民，同时，也有大批工匠回到松阳这片土地，投身到了松阳老屋的修复工作中。

徐甜甜在世界论坛中讲述的"松阳建筑针灸计划"，其乡村文化振兴的价值不仅

受到中国的重视，还得到国外众多同行的称赞，为外国的乡村复兴提供了借鉴和启发经验。作为大学生，在乡村文化建设的进程中，理应向徐甜甜等人学习，深入挖掘乡村古老的文化，利用自己的专业知识，研究为其改造的方式，在保留原特色的前提下，对古老的文化进行修复，得以向外界乃至是全世界讲述中国成功的乡村文化振兴故事。

第四节　大学生保护和传承优秀传统文化

一、大学生保护乡村优秀传统文化（培育乡村特色文化产业）

1. 在所有的乡村文化产业中，乡村特色文化旅游业是最有前景，也是最受欢迎的乡村产业，大学生可以在品牌打造和推广技术等方面给予支持。乡村特色文化旅游业是典型的一二三产业融合的乡村产业。既可以发展种养农业，还可以将环境秀美的乡村景致建设成旅游景点，有些有古村落的乡村还可以通过修旧如旧打造古村美景，最后还可以把特色农产品深加工销售给游客。优质的乡村特色文化旅游项目，可以增加村镇的收入，提高农民收益，促进文化建设的积极性，还积极地弘扬乡村文化和特色。游客可以体验乡村生态环境、品味历史、品尝乡村特色美食、欣赏民俗技艺、尝试农耕劳作，在休闲中品读传统文化舒展身心。因此，大学生可以利用自身的专业，在各方面进行支持，例如，在乡村规划、文案推广、网络宣传、乡村直播、电商运营等方面对村民进行相关的培训和教育，帮助村民逐渐壮大乡村文旅产业。如果乡村旅游产业足够成熟，还可以成立乡村企业，寻求更多发展机会，如和其他大企业合作，使乡村文化让更多人知道，弘扬乡村文化。例如，曾荣获"中国十大美丽乡村"的陕西省袁家村，发展乡村旅游，仅一年收入就可达 10 亿元，其旅游业的运营成本低，乡村特色是乡村美食和关中民俗，这些都是乡村的非物质文化遗产。如今，袁家村正在逐步向乡村度假村转型，乡村品牌知名度日渐提升，是成功发展乡村旅游业的经典案例之一。

2. 大学生也可以助力乡村打造乡村文化产业链条。各种有能力的大学生可以抓住乡村已有的独特文化资源，形成团队，研究开发出适合时代、富含乡村自身特色的文化产品，培育形成系统的乡村特色文化产业，使乡村文化能够融入乡村产业链中，在保护、发展乡村优秀传统文化及文化产业的同时，弘扬乡村特色文化，最终形成"一村一幅画，一乡一天地"的特色乡村文化产业，一举两得。乡村文化产业链成熟后，可以帮助其寻找途径，进行产业延伸，与其他地域的产业合作、融合，形成多元文化的乡村文化产业新格局。

二、大学生传承乡村优秀传统文化（乡村优秀传统文化融入大学校园文化建设）

大学生能够传承乡村优秀传统文化的一个重要途径是，将乡村优秀传统文化融入大学校园文化建设，逐渐将大学生传承乡村优秀传统文化的使命与大学校园文化建设有机结合，这是大学校园、课程活动、专业教师、地方乡村多方面的合作，长时间互相协调推进的发展过程。其建设路径有以下几点。

1. 统筹规划，完善大学生传承乡村优秀传统文化的校园保障机制。大学融入乡村文化建设不是在孤立的实施，而是统筹多方面共同参与的综合发展战略，而且乡村优秀传统文化融入大学校园文化建设的过程，是有计划、有系统、有组织地逐层推进。乡村文化建设的融入，使校园的组织机构和师资团队要因此而完善，教师的职责和任务要重新分配；为了让校园文化建设的管理更高效，要设置系统的文化建设制度，形成并不断完善日常管理规范；高校要充分挖掘和调动相关的文化课程理论教师与教学实践教师，确保校园关于乡村优秀传统文化课程与实践课程的顺利开展；师资团队和高校管理者可以共同思考，积极为乡村优秀传统文化与高校校园文化建设相融合的工作出谋划策。

2. 乡村优秀传统文化应融汇于高校教学科研和课程中。其一，对于教师，围绕学生继承乡村优秀传统文化的任务，可以对教师进行中华乡村文化的相关培训，全面提升教师的乡村文化素养，提升他们向学生传播乡村文化的责任感。对于教学，教师可以根据自身授课的风格特点和授课内容，挖掘教学内容中所蕴含的乡村优秀传统文化因素，把乡村优秀传统文化通过设计，融入教学计划中，以此提升学生的乡村文化素养。此外，为把乡村优秀传统文化全方位融入对学生的思想、道德、文化、艺术教育中，课程的设置需要改革和优化，在教学中深化学生对乡村文化的理解。其二，各高校应联合研究机构、项目基地，组建专业的科研团队，不断研究在高校如何有效地传播和传承乡村优秀传统文化的课题；高校还可以结合本校历史、理念、宗旨，当地乡村文化，编写具有高校特色、乡村文化特色的文化读本，在高校中，向大学生充分展示乡村优秀传统文化在当代的价值以及在世界范围的意义。

3. 乡村优秀传统文化应融汇于高校的文化宣传工作中。高校文化宣传工作在很多不同的内容和形式上，都可以为乡村优秀传统文化的传承而服务。在内容上，高校重视培养乡村文化素养高的学术名家、文化名师、师生团队等，多在期刊和网络上发表自身对乡村优秀传统文化的学术研究和正面见解，及时在网络上回应师生重点关注的乡村文化问题，撰写相关的学术文章，讲好校园与乡村的故事、乡村文化的故事。在形式上，校园的传统媒体和新媒体都可以为传播乡村优秀传统文化而服务，传统的校园传播媒体，也是学生常见的 、易接受的媒介，如校园广播、校级报纸、院系刊物、宣传海报和横幅、主题展览、宣传栏、宣传展板等；也可以使用乡村文化和艺术相结合的传播方式和一些新媒体，如校园话剧、小品、相声、歌舞剧、网络平台、校园特色网等。内容和形式多种多样的文化宣传，可以让乡村优秀传统文化在校园中有更好的传播效果，使师生能浸润在乡村优秀传统文化之中，潜移默化地将学生培养成为乡村优秀传统文化的传承者和建设者。

4. 将乡村优秀传统文化与学生实践活动相结合。只有做到知行合一，理论与实践相结合，让大学生多参加乡村优秀传统文化相关的实践活动，才能加强学生对乡村优秀传统文化的认识和理解，有助于文化的传承。例如，高校可以组织开展以乡村文化为主题的志愿服务活动和教育实践活动；增加各高校间，高校和乡村、社会组织机构之间的乡村文化交流；设立各种乡村实践平台，增加实践机会，学生可以在教师带领下，到乡村做乡村文化调研，通过乡村考察、调研、资料汇总、展示交流等，使学生能切身观察、体会乡村优秀传统文化，有助于文化的继承和弘扬。

5. 校园文化基础建设体现乡村优秀传统文化。在校园文化基础建设的过程中，可以将乡村优秀传统文化和实物相互融合，结合高校的历史、理念和传统，在布局、形象、命名和寓意上进行设计，让校园文化基础建设蕴含乡村优秀传统文化元素，增加校园物质建设的文化价值，使校园文化多元化，增加文化层次感，反映出校园与乡村优秀传统文化相融合的优秀传统建设特色，也有助于营造校园中的乡村优秀传统文化氛围。

三、大学生提供乡村文化供给（搭建"乡村舞台"、带动村民参与、推动乡村文化推广的信息化）

1. 进入新时代，乡村文化建设需要大力重视乡风文明的建设，乡风文明的建设旨在极力保留和弘扬乡村淳朴的好习俗，一些封建、落后、低俗的旧俗可以去掉，做到取其精华、去其糟粕。除此之外，不断丰富乡村文化活动，减少空喊口号般的宣传和教育活动，大学生可以帮助乡村搭建"特色乡村舞台"，在这个舞台上，不仅可以举行各种村民喜欢的表演、举办融入乡村特色的文艺会演，让多才多艺的村民能够在舞台上大显身手；还可以举行各种特色比赛，比赛项目就是当地独有的一些传统特色食品、农产品、服饰、手艺等，在大学生的帮助下，可以将这些比赛通过网络平台直播，让更多人看到当地乡村的传统文化，同时也让村民对乡村的文化更加重视，逐渐为乡村营造浓厚的文化氛围。大学生还可以援助乡村领导，举办乡村文化大使评选活动、乡村光荣榜、最美乡村家庭等多种多样的文化评选活动，通过竞争，潜移默化地提高村民的乡村自豪感和文化自信，通过以上乡村文化供给，促进乡风文明建设。

2. 乡风文明建设还需要大力宣传。宣传文明乡风和乡村文化的途径有很多，但乡村墙绘、网络媒体和宣传栏是其中三种最有效的途径，也是大学生可以援助的地方。乡村墙绘的宣传途径可以使村民直观、直接地感受乡风文明的宣传内容，内容形式可以是文字、图画，也可以是色彩斑斓的口号展示、艺术字等，但美丽图案的视觉效果更让村民印象深刻，更提升了村风、村貌，宣传内容能够被村民每天反复注意到，从而使其潜移默化地认识和接受了一些乡村文化，多才多艺的大学生可以负责墙绘的设计和创新，让墙绘更具吸引力和美感。而乡村宣传栏不同于墙绘，乡村宣传栏是一种正式的宣传途径，宣传栏里面展示的文化内容更为规范、严肃、正式，如一些乡村公共安全和卫生服务的宣传以及政府新政策、乡村活动就需要这种正式的宣传途径，同理，大学生也可以负责装饰、美化乡村宣传栏，让宣传栏更富乡村特色。

最后一种网络媒体的宣传方式，除了在乡村中进行内部宣传以外，还可以做到对外宣传，如有需要，乡村特色文化可以通过网络平台进行网站宣传和网络直播，让更多人关注到该乡村的风土风貌；乡村的农产品和乡村特色产品还可以通过电商平台售卖，有效解决农作物和特色食品的售卖问题。大学生则可以在文案推广、网络平台宣传、乡村直播、电商运营、交通运输等方面提供技术支持，对乡村人民进行培训教育，逐渐带动村民参与，并推动乡村文化推广的信息化，网络产业成熟之后，乡村村民可以自己进行网络推广和运营，在弘扬乡村文化的同时，增加自身的收益。

第三篇

案 例 篇

中山大学：开设"耕读研学"劳动教育课程[*]

中山大学哲学系党委牵头马克思主义哲学、中国哲学等专任教师成立课程组，由系主任担任组长，将劳动教育课程设置为本科生必修课，结合哲学学科优势与劳动教育的核心要义，精心设计"耕读研学"课程体系。"耕"是指在农业基地参与农业种植、采摘、分装等耕作任务，同时实现集体生活劳动自理，并开展一定的社区义务劳动等；"读"是指在专业教师指导下学习马克思主义哲学、中国传统文化等弘扬积极劳动价值观的经典文献；"研"是指运用社会调研的专业方法，在乡村基层开展考察调研，通过了解乡村的人情风貌、国情社情，提升学生家国情怀；"学"是指认真学习新时代劳动教育理念，形成正确、积极的社会主义劳动观和价值观。

2021年7月，哲学系组织本科一年级学生前往茂名市茂南区牙象村开展集中劳动教育。重点围绕"耕"与"研"两大主题，组织同学们开展农耕实践、学习农业技能，同时深入乡村开展社会调研，促进学生锻炼体魄、磨炼意志，让学生更加直观和深切地体会乡村振兴给农户生产生活带来的重大变化。

项目具有以下特色与亮点：

一是帮助学生在耕作中提升劳动实践能力。以"耕"为核心，该课程的一大重点为农耕实践活动，兼顾农业知识和技能的学习掌握，为同学们设计了由浅入深、由轻及重的耕作教学内容。在农技师的指导下，同学们每天参与农业耕作，先后学习和体验了除草，种植嘉宝果、番薯，采摘西瓜、龙眼等多项农耕活动。

刚开始，同学们并不熟悉农具的使用方式，操作农具还略显生疏；经过多次的摸索和求教以后，同学们逐渐掌握方法，耕作时也越发熟练。同时，同学们也跟着当地的农技师学习了各种耕种知识。农技师为同学们讲解了种植不同蔬果所需要的环境与条件，以及在耕作的时候需要了解的基本技巧和需要保持的态度。农技师在授课中提到，农民在种植的过程中要了解植物的特点，了解气候时节、土壤特质等。在亲身参与劳动实践的过程中，同学们不仅学会了很多农活技巧，锻炼了团队意识和合作能力，同时，更加走近了农民的生活，也更加体会到农民的辛劳与伟大。他们在感悟中写道：

---

* 我校哲学系开设"耕读研学"劳动教育课程 积极探索劳动育人新模式［N］. 中山大学学报, 2021–10–31.

"我觉得这些就是农技师老师提到的'泥土的智慧',是一种接地气的学问。这些也在提醒我们要走出哲学的象牙塔,多多地走进生活。"

二是帮助学生在社会调研中培育家国情怀。以"研"为重点,本次劳动教育课程,除了学习耕种与农业知识,另一重心是组织同学们运用社会调研方法,深度了解农户的真实生产生活状态,使同学们更加直观深刻地了解当代乡村的发展与变化。

为了让同学们掌握正确的社会调研方法,哲学系马克思主义哲学方向的吴重庆教授与陈奕山博士为同学们介绍了乡村社会调研的方法和意义,指导同学们形成入户访谈提纲,明确调研目标,掌握与农户访谈的方式方法、注意事项,建议同学们在实地走访时,从看到什么、听到什么、问了什么、自己的感受和思考等多个角度捕捉不同来源的信息,然后及时进行总结,以此拓宽自己对于乡村社会和农户生产生活状况的认识与理解。

在学习调研方式和调研方法后,老师带领同学们与牙象村的村委干部进行了座谈。在座谈会上,村委干部介绍了本村的发展历程以及实施乡村振兴战略以来的发展变化,使同学们对牙象村有了初步的整体认识,同学们也针对各自感兴趣的问题与牙象村的村委干部进行了细致探讨。

接着,在老师们的带领下,同学们分小组进行实地走访和入户调研。通过深入的入户调研,同学们对当地农户的生活水平、家庭状况以及村庄发展变化、存在的问题有了更多认识,重点收集了当地乡村和农户的生产生活基本数据,为日后进一步的分析研究打好基础。

活动期间每天晚上都举行讨论会,同学们交流当日走访的收获与体会,吴重庆教授与陈奕山博士根据同学们的调研记录和交流汇报提出改进的意见。虽然同学们在首次调研时会遇到一些困难,但在老师们的指导下,同学们的调研访问能力逐渐提高,变得敢于也乐于向农户请教,能够通过轻松愉快的方式与农户谈心聊天,了解更多乡村社会的信息,最终取得了有意义的调研成果。在几天的走访与调研中,同学们走近了普通农户的真实生活,感受到实施乡村振兴战略前后农户生活方式与生产方式的变化,对党领导中国人民打赢脱贫攻坚战的伟大意义有了更深的认识,对基本国情有了更切身的体会。实地走访和入户调研结束后,同学们将调研情况和记录汇总形成报告,作为本次课程的小结。

近年来,中山大学哲学系在"双一流"学科建设、国家级一流本科专业点建设和省部级教学成果奖方面屡获佳绩,《"经典"与"社会"场域下的创新型哲学人才培养探索》获得广东省教学成果一等奖。本次"耕读研学"劳动实践活动是哲学系在劳动教育中的一次创新尝试,也是对教学经验成果的一次创造性转化的探索,在师生中取得了积极的反响。

华南理工大学：大学生青春
告白祖国主题活动[*]

　　"青春告白祖国"是教育部在全国千万大学生中开展的主题教育活动，旨在引导广大学生深入学习贯彻习近平新时代中国特色社会主义思想，厚植爱国情怀，激发报国之志，热爱学习、热爱生活，练就过硬本领，争做担当民族复兴大任的时代新人。

　　华南理工大学深入贯彻活动精神，组织同学结合自身经历讲述了再走长征路、深入乡土调研、力促民族团结的生动故事，用亲身实践和理性思辨向同学们讲出"中国共产党为什么'能'""马克思主义为什么'行'""中国特色社会主义为什么'好'"。通过"青春告白祖国"系列活动，广大学生进一步增强了对中国特色社会主义道路、理论、制度、文化的思想认同、情感认同和理论认同，使"四个自信"更加坚定。华园学子在暑期社会实践中体现出来的爱国情感、强国志向、报国行为，收获了多家媒体报道和良好社会反响。

　　项目具有以下特色与亮点：

　　一是充分利用各自所在地的红色文化资源，通过参观、调研、宣讲、走访等多样的实践方式，在回望百年峥嵘岁月的同时，从青年的角度讲述红色辉煌。

　　二是发挥高校组织作用与大学生的自发创造结合起来，形成合力。华南理工大学以"青春告白祖国"为主题组织近百支队伍奔赴祖国各地开展人民美好生活满意度等暑期调研工作。以加强领导为引领，以发动学生为基础，以质量把控为关键，以广泛宣传为着力，引导全校学生通过分享大学生实践体验和成果收获，将暑期社会实践中的所见所闻、所思所感"讲出来"。

---

　　* 振奋人心！看华南理工学子如何读懂中国、告白祖国［EB/OL］.（2019 – 09 – 20）. https://www2. scut. edu. cn/aid/2019/1009/c9498a338661/page. htm.

暨南大学："忠信笃敬班"大学生党员暑期社会实践[*]

2018 年暑假，暨南大学"忠信笃敬班"大学生党员暑期社会实践队同学选取广东省精准扶贫工作示范点——南雄市两镇五村开展为期一周的党建扶贫专项调研。实践团队紧紧围绕党建促脱贫攻坚的工作要求，重点关注农村基层党组织组织力建设，坚持问题导向，抓住关键环节，聚焦贫困村理论学习教育、党组织设置、党组织领导决策与党员作用发挥四个方面，以明晰的调研方向有序开展"党建扶贫青春行"社会实践活动，充分挖掘南雄市省定贫困村抓党建促脱贫攻坚的有力举措，并为广东省实现精准脱贫、打赢脱贫攻坚战积极建言献策，形成的党建扶贫专项调研报告得到时任广东省委常委、组织部部长邹铭同志批示肯定。

根据南雄市两镇五村的不同实际，暨南大学"忠信笃敬班"实践团队在调研前期做了大量的材料搜集、对点沟通协调的工作，有针对性地制定调研方案，并做了充分的调研预案，为实践活动的顺利开展奠定基础。在学校党委组织部的带领下，18 位"忠信笃敬班"大学生党员结合团队跨学科、多专业的学科背景，分成策划组、宣传组、后勤组三个小组，于 2018 年 7 月 25～30 日，走进广东省定贫困村——珠玑镇灵潭村、角湾村基层党建示范点和黄坑镇黄坑村、许村、小陂村，实地开展党建促扶贫现状调研，得到当地镇党委、镇政府及村委会的大力支持。

项目具有以下特色与亮点：

一是注重发挥学生党员作用。"党建扶贫青春行"活动作为一次大学生党员助力脱贫攻坚的探索和尝试，通过实地调研，深入挖掘贫困村党建引领脱贫机制，聚焦贫困村理论学习教育、党组织设置、党员作用发挥等方面，总结推广党建引领脱贫攻坚经验举措，就如何巩固两镇现有脱贫成果、防止脱贫人口返贫以及促进未脱贫人口有效脱贫提出建议。调研结束后，学员们相互交流心得，每位学员都切身感受到党中央"精准扶贫、精准脱贫"庄严承诺的现实意义和每一个基层党员干部为之奋斗的历史使命。

---

* 我校"忠信笃敬班"暑期社会实践活动得到省委常委、组织部部长邹铭同志勉励和批示［EB/OL］.（2018 – 11 – 21）. https：//static. nfapp. southcn. com/content/201811/21/c1683642. html.

二是找准大学生社会实践切入点。“党建扶贫青春行”活动找准大学生党员参与基层党建促扶贫的切入点，把大学生党员社会实践与大学生党员党性教育相结合，教育引导大学生党员在实践过程中锤炼党性，增强党员意识。18 名优秀大学生党员在调研过程中，始终抱着学习的心态，怀着一颗求知上进的心，克服各种困难，不怕苦、不怕累，满怀热情积极投身于实践调研。

三是注重凝练成果。暨南大学“忠信笃敬班”实践团队基于调研内容，对南雄市在抓党建促脱贫攻坚的过程中取得的一系列经验进行了归纳总结。通过对当地村党支部书记、贫困户、村集体企业的走访，梳理了“党建＋经济”“党建＋民生”“党建＋生态治理”“党建＋互联网金融”“党建＋教育扶贫”五个方面乡村振兴的好经验、好做法。

此次社会实践帮助大学生进一步感受到了基层优秀共产党员的魅力，体会了乡村振兴中共产党员带头实干的作风。勉励大学生作为新时代青年党员，撸起袖子加油干，不断汲取奋斗的力量，干在实处、走在前列，为全面建成小康社会贡献力量。

“没有调查，没有发言权。”只有真真正正深入群众中做实际调查，了解基层最真实的情况，才能深刻理解基层党组织开展党建促扶贫工作的困难与挑战，从而探索出能够有效帮助老百姓脱贫致富之道。

学习不止于书本，实践和理论同样重要。此次的调研活动，将理论付诸于实践，让大学生真正看到基层干部如何投身到精准扶贫的工作中。鼓励大学生党员要将党的理论知识化作行动的力量，学习这种敢于吃苦、乐于奉献的精神，为实现中华民族的伟大复兴贡献自己的力量。

通过对驻村第一书记、村党支部书记等进行专访、开展座谈，对党员和贫困户发放调查问卷、开展田野访谈，全方位了解基层党建扶贫的现状。通过一件件鲜活的共产党员事迹和一个个快门下的光影，帮助大学生进一步了解到基层党建扶贫工作的艰辛。

华南农业大学:"博士团"社会实践 "三下乡"暨科技帮扶活动[*]

2000 年 9 月,华南农业大学成立科技下乡志愿支农博士服务团(以下简称"博士团")。20 余年来,"博士团"在省内外先后开展了 200 多次科技下乡"技术培训"、260 多场现场指导,前后吸引了该校 800 名博士生、硕士生参加,科技下乡地点涵盖韶关、梅州、惠州、河源、肇庆等省内主要地级市以及广西的部分贫困县。

"博士团"身体力行、积极创新,在广东省乃至华南地区的"助农、支农、扶农"科技下乡工作中,成为服务新农村建设的时代先锋。与当地政府、农业相关的企事业单位、农民朋友们通过普通信件、电子邮件等进行的交流超过 300 多次,为农民解决实际困难 40 多次,受到当地政府和农民朋友们的极大欢迎。

2016 年 7 月,"博士团"分别组建 3 支队伍奔赴龙川、普宁及广西贺州三地开展暑期"三下乡"科技支农实践服务,到农业企业、合作社、家庭农场、种植大户的田间地头进行科技指导服务,就农业生产、加工、营销等问题进行释疑解难,对农产品质量管理、产后服务以及农村改革发展提出建议和意见。

项目具有以下特色与亮点:

一是深入田间地头,多渠道服务。7 月 6 日,"博士团"龙川分队赴河源市龙川县相关乡镇、霍山景区、种植户的田间地头进行科技指导服务,就土壤质量、水体质量、种植养殖等问题进行释疑解难,对景区生态旅游规划、种植养殖技术、农产品质量管理等提出建议和意见。此次活动得到了各乡镇政府、扶贫工作队、村委会以及霍山仙峰旅游景区股份有限公司的竭力帮助,受到相关单位的一致好评。

其间,"博士团"还奔赴了 4 镇 8 村 1 景区进行调研,"博士团"成员与乡镇代表进行座谈,以了解各乡镇农业的整体实际情况;与 7 大典型贫困村委深入交流,以进一步了解各村实际发展情况和实际问题;同时,对当地地形、气候环境进行了观测和了解,采集了多个典型区域的土壤和水质样品,进行进一步的监测分析。

二是科技服务"三农",助推地方发展。7 月 11 日,"博士团"普宁分队赴普宁市

---

* 华农"博士团"科技下乡连续十六年服务"三农"[EB/OL]. (2016 - 09 - 21). https://www.gdkjb.com/view - 445.html.

以"科技服务三农，助推普宁发展"为主题，开展暑期科技下乡服务。"博士团"相关专业老师和博士到达普宁市相关乡镇、企业、种植基地进行科技指导服务，就青梅、蕉柑种植管理、青梅果品加工、青梅果酒酿制等问题进行解答，并走访包括高埔镇在内的10个调研点。走访多个特困家庭，以充分了解贫困村民之所需、所求。"博士团"成员结合自身专业技术条件，有针对性地了解并解答了镇政府、村委会和村民提出的问题，记录了他们遇到的困难，给出了可行性建议。

三是精准扶贫，把脉特色农业。7月11日，"博士团"贺州分队在贺州召开"精准扶贫、科技兴农"贺州行启动仪式，并联合贺州市农业局、林业局、扶贫办、科协等部门举行技术咨询与交流座谈会。

"博士团"成员先后深入昭平县仙回瑶族乡、黄姚镇和富川瑶族自治县朝东镇等地的相关农业企业、合作社、家庭农场和种植大户的田间地头，对茶叶、无公害蔬菜、林业、食用菌种植等生产技术进行实地指导，通过座谈会、专项技术培训会等方式，详细了解贺州"三农"工作情况，并为农业生产、加工、营销等问题和特色农业的发展把脉问诊。

"博士团"成员表示，本次"三下乡"调研实践，通过深入了解了企业需求、行业需求和社会需求，进一步明确了科研方向和目标，也激励着"博士团"成员要抓住科技兴农的机遇，坚持科研面向产业和社会需求，加强专业知识储备，为今后奔赴乡村振兴的广阔天地打好基础。

华南农业大学：有梦的地方就有梦之队[*]

　　2017 年 7 月，华南农业大学梦之队经过 3 个多月的筹划准备，集合在校 23 位队员，启航贵州，跋山涉水，来到了群山环抱中的偏远小学——贵州省安顺市关岭县坡贡镇坡头小学和六盘水市中寨小学，与当地志愿者汇合，开展以"圆梦书屋，续爱黔行"为主题的暑期社会实践活动。在贵州下乡的两周内，梦之队开展了支教、调研和筹建圆梦书屋三项活动。

　　在队伍建图书室的过程中，经历了一系列的探索和努力。先是筹书问题，队员采用校内摆摊筹书、校外联系公益组织、线上利用筹书平台发布信息、与爱心人士沟通，从各种途径筹集到近五千本图书。在图书室的建设环节，将所有图书按照大类进行顺序编排和整理。时间紧，任务重。所有队员一有时间就轮番上阵：图书分类、排序、贴写标签、盖章、上架、装饰图书室。队员采取流水线作业形式，每人负责一道工序。简单的事情重复做，重复的事情认真做，成功建设了坡头小学和中寨小学的两间图书室。

　　项目具有以下特色与亮点：

　　一是鼓励青年发挥自身力量去解决社会问题。梦之队以"互联网＋公益"的模式，以"图书＋图书室"为切入口，均衡城乡教育资源，探索大学生在解决社会问题中的新举措和新方法。

　　二是注重扶智与扶志相结合。实践队认为物质上的贫穷可以依靠经济发展加以改善，而精神上的贫穷注定是一辈子的"病根"，拔不掉的。一旦缺乏对读书正确认知的精神基壤，可能这辈子，孩子们都不会再通过读书去改变命运。取而代之的，是辍学、打工、挣钱、补贴家用，接着是一代又一代的恶性循环。队伍在"三下乡"过程中不仅是支教，更重要的是建立读书脱贫的观念，希望知识能够承载孩子们的梦想，飞出大山。

---

　　* 去远方！华农人的暑假就是不一样 ［EB/OL］. （2018 - 07 - 05）. https：//static. nfapp. southcn. com/content/201807/05/c1287998. html.

南方医科大学：将论文写在祖国大地上[*]

2017 年 8 月，在南方医科大学卫生管理学院王冬、孙刚、刘肖琴几位老师的指导下，普天社会实践队八位成员采用对医患人员进行问卷调研和访谈相结合的方式，走访了广州、深圳、佛山、韶关四地的医院，从三级、二级、基层，医护、行政、患者，具体分级标准、实施制度、评价模式等角度对四个地区的分级诊疗制度进行全面调研评估。队伍成功当选"千校千项"遴选活动——最具影响好项目，获得学校笃行计划优秀团队奖和优秀报告奖。

普天社会实践队撰写了共 38 页 2 万余字社会实践报告，根据调研撰写的论文《分级诊断疾病数据建模》，在《广东医学》期刊发表，并在中国大学生网、中国青年网、今日头条、青年之声等网站发表新闻稿数篇，在爱奇艺等视频网站上还发表了采访视频，影响深远。

队伍走访了广州、深圳、佛山、韶关及下辖村多家包括三级、二级、社区诊所，综合、专科等在内的医院的医护人员和患者。了解到各大医院都有落实分级诊疗制度，并通过面谈、收发问卷等形式收集了大量一手资料，掌握了不少鲜活案例。项目团队受到医生、患者和村民的欢迎，队员们第一次真切地感受到农村基层医疗卫生服务问题的复杂性和迫切性，也体会到各界为推进分级诊疗制度建设所付出的极大努力。

项目具有以下特色与亮点：

一是以调研促学问。学以致用，让学问走出学校，把论文写在祖国大地上。发挥专业优势，为国家治理体系和治理能力现代化献策，将高校的人才培养、科学研究、社会服务三大职能完美地融合在一起。

二是以调研增自信。在调研中，队伍通过详细数据，了解到基层医疗机构服务能力建设不断加强，"小病不出村，中病不出乡，大病不出县"的就诊模式初见雏形。通过县级医院医生对口帮扶、下乡坐诊、远程会诊等方式，村卫生室和乡镇卫生院的医疗水平显著提高，村民们逐渐改变了对乡村医疗机构的偏见。分级诊疗体系不断完善，"群众得实惠、医务人员受鼓舞、卫生事业得发展"的多赢局面逐步形成。患者

* 卫生管理学院实践队伍获团中央"最具影响好项目"荣誉 ［EB/OL］．（2017 - 11 - 24）．http：//portal. smu. edu. cn/wsglxy/info/1036/1387. htm.

普遍表示，现在医疗花费比以前少，医疗负担相对减轻，而且现在看病比以前方便多了。

三是以成果促发展。队伍在调研后给出了切实可行的建议。其一，加强分级诊疗的宣传力度；在形式上利用传统媒体、现代网络媒体宣传，在内容上通过专业知识解读，达到宣传效果。其二，加大分级诊疗的落实力度；面向世界、立足国情、广东特色。其三，缩小医院认知差距、整体提升医院水平；完善全科医学生培养制度，完善医生管理制度，改进就医体验。其四，从体验、药品等着手建立医疗信用。其五，改变医疗机构关系，构建医疗信息共享平台。

华南师范大学：以教育暖人心，以关爱伴成长[*]

　　为深入贯彻习近平新时代中国特色社会主义思想与党的十九大精神，肩负启迪思想、陶冶情操、温润心灵的教师职责，承担以文化人、以文育人、以文培元的教师使命，2019 年，华南师范大学教育科学学院（以下简称教育科学学院）派出 3 支优秀队伍奔赴广州市、茂名市等地，服务当地教育、文化、科技、卫生，以教育暖人心，以关爱伴成长，深入群众，躬行实践，成果丰硕，用实际行动践行青春梦、中国梦。

　　教育科学学院赴化州平定德明小学服务队由共青团华南师范大学教育科学学院委员会组织，院党委书记领队，赴化州德明小学开展下乡服务。队伍着力教育关爱，结合专业技能与学生全面发展，遵循多元化、个性化原则，开展一系列丰富多彩的课程与活动，传承橘城文化，为孩子们带来一个充实愉快又意义丰富的暑假。迄今为止，队伍已连续两年获得大学生"三下乡"省级重点团队及多年获得"校级优秀队伍"等荣誉称号。

　　教育科学学院赴化州罗村小学服务队由教科院青红联合会和校级社团陶行知教育思想研究会共同构建，由 23 名本科生组成，队员主要为教科院的大一、大二学生，同时也有来自地科、数科、历史等学院的优秀学生。队伍在化州平定镇罗村小学开展了为期 9 天的教育关爱服务类型的社会实践。这是本队伍在建立实践基地后，第四年回访开展服务活动。

　　项目具有以下特色与亮点：

　　一是延续常态合作，实现共赢发展。为促进队伍成员全面发展，使队伍成员在实践中受教育、长才干、做贡献，学院团委积极倡导校地共建，推进各"三下乡"队伍与实践地建立长期共赢的基地合作关系。三支队伍全部建立了实践基地，也都受到了当地人民的热情欢迎和喜爱，所组织的活动更是收获了大众的赞扬。

　　二是学院领导重视，党建深入基层。在暑期社会实践队伍出发前，学院领导召集今年下乡实践的队伍开展了"三下乡"安全教育及出征动员会议，号召同学们要不忘

---

　　* 党史我知启新程 五艺发展创未来——教科院赴化州市平定镇德明小学服务队开展特色党史学习教育［EB/OL］.（2021 - 09 - 03）. https：//news. scnu. edu. cn/43822.

初心，砥砺前行，将课堂所学化成实践，落到基层。同时，院领导与化州市相关领导到德明小学、罗村小学调研座谈，共讨优秀党员代表的光荣与使命，促进队伍服务与化州教育发展的合作共赢。队伍也充分发挥党员团员的表率作用，用实际行动力践传承党的初心、争做时代先锋的党员使命。

三是结合专业特色，尽显教科关爱。队伍注重结合教育科学学院小学教育、学前教育和特殊教育的专业特长，重视专业理论的实践与专业技能锻炼，着力教育关爱，贯彻先进教育理念，科学性、特色性、全面性地开展一系列特色素质教育活动及课程。心理关爱，如开展情绪系列课程、心理信箱、性教育等，关爱儿童内心想法，关注儿童成长，凸显教育关爱；科学入心，如开展趣味科学大求真、VR 课堂、自然百科、信息素养等，以实际行动贯彻科教兴国伟大战略；美劳相融，如开设趣味水墨画、立体贺卡、家乡种子贴画等，寓教于乐，提高孩子审美观念、鉴赏能力和动手实践创作能力。

四是厚植红色精神，夯实铸魂育人。2019 年恰逢新中国成立 70 周年之际，学院积极推进队伍支教传承红色精神，以爱国教育为宗旨，鼓励队伍从多角度宣扬红色文化，通过一系列理论宣讲等爱国红色思政课程、参观红色旧址等红色实践活动、学习军体拳等红色国防教育、师生共绘爱国手抄报等艺术团课、歌唱朗诵礼赞祖国等爱国音乐教育，为学生的血脉注入红色基因，夯实铸魂育人的任务，坚定大学生建设新时代，培育新青年的理想信念。

五是重视本土文化，树立文化自信。队伍立足化州市，以化州本土文化为切入点，围绕建筑篇、名人篇、非遗篇、美食篇等角度，开展以化州本土文化艺术为特点的特色素质拓展及学业辅导等形式多样的精准关爱志愿服务，并通过多途径的媒体传播方式，扩大化州本土文化的影响力，增加新时代青少年对于化州本土文化的了解，促进社会融合，同时促使当地青少年凝心聚力传文化，躬身践行筑时代，让他们积极投身文化保育工作中去，为化州本土文化保育事业培养热情的、本土的新生中坚力量，掀起一场传承本土历史文化的热潮。

广东工业大学：以梦筑桥，以理想构筑人生[*]

广东工业大学轻工化工学院缘起于 2005 年，一位父亲深入广西百色市甘田镇开展扶贫帮扶工作。12 年后，他的儿子再赴甘田，与十余名广工学子组建"以梦筑桥"实践队，探寻当地特色农产品红心猕猴桃农销农产模式，为当地实现脱贫目标提供新思路。

为了更好地发挥实践育人功效，助力当地乡村振兴，广东工业大学轻工化工学院与甘田镇人民政府开展共建社会实践基地协议签订暨挂牌仪式。

为了解甘田镇红心猕猴桃产业的销售情况，实践队先后走访了甘田镇政府、农科所、扶贫办、地标办等有关政府部门，就甘田镇红心猕猴桃种植基本情况，包括种植面积、种植分布、合作社等，对种植技术、产品保护、发展方向、宣传以及销售方式等情况进行访谈。

实践队走进农投公司与电商中心，对猕猴桃的产与销进行更深入、更全面的了解。在网络销售、包装、深加工、物流运输方面进行深入探讨，力求寻找实现产品多样化、产品特色化、服务专业化之道，致力打造乐业红心猕猴桃品牌。

实践队走访了当地的三大合作社，其具有一定的种植规模，拥有着成熟的种植技术以及稳定的销售渠道，在为猕猴桃产业带来发展机遇的同时，也为当地的贫困户脱贫奠定了基础。

实践队结合食品专业优势，通过改良猕猴桃保鲜技术、优化营销模式，从根本上助力甘田农民实现增收，助力脱贫攻坚。至 2020 年，实践队已连续四年前往此地，获得国家级奖项 2 项，省级奖项 6 项，发表论文 3 篇。

项目具有以下特色与亮点：

一是善于整合资源，做好当地政府开展工作的好助手。重视依靠当地镇政府、村委会等力量，更好地促进项目落地，促进项目向有高度、有深度、有广度的方向发展，进一步培养了大学生对家乡、农业、国家的责任感和使命感，引导大学生在服务家乡、

---

* 该案例来源为广东工业大学微信公众号"广工青年汇"中发表文章《建功新时代｜轻工化工学院实践队赴广西乐业寻求特色农产品增收对策》。

农村、社会中实现自我价值。

二是重视实践育人,注重顶层设计和建章立制,形成"三全"实践育人合力。在实践内容立项和实践团队组织方面,将学校特色、专业特点和学生特长充分结合,打造理论课堂、实践教育"1+1>2"的社会实践过程;并注重实践的二次教育,鼓励学生参加挑战杯调研竞赛等项目,持续彰显学生实践价值。

广东外语外贸大学：外籍师生看到了
蒲芦洲村的美丽蝶变[*]

自2016年起，广东外语外贸大学（以下简称广外）组织来自俄罗斯、韩国、泰国等11个国家的200多名留学生前往学校对口帮扶的阳山县岭背镇蒲芦洲村参加扶贫活动。

自2016年对口帮扶以来，广外驻蒲芦洲村扶贫队构建了"两基地一窗口"项目。两个基地中，一个是"学校党员教育活动、提升党性修养的基地"，另一个是"干部、学生参与社会活动，在实践中提升综合能力的基地"。通过该项目，让学校的师生来到乡村，切身感受中国农村的变化，更直观地了解中国的脱贫攻坚和乡村振兴所取得的成就。

留学生们在第四届柚子节上助演节目，为现场观众带来充满异域风情的歌舞表演，博得现场观众的喝彩与掌声。留学生们来到贫困户和老党员代表家中，送上慰问品。来自俄罗斯、吉尔吉斯斯坦等国家的留学生们为老党员代表献唱了一曲俄语版《喀秋莎》。老党员代表感谢党组织对他们生活上和精神上的照顾与关心。留学生一行前往参观蒲芦洲村沙田柚"三变"基地，了解蒲芦洲村"资源变资产、资金变股金、农民变股民"的"三变"发展新模式，以及这种模式在帮助贫困户脱贫增收方面的突出成绩。

项目具有以下特色与亮点：

一是主动探索创新的基层党建扶贫模式的延伸。自结对帮扶以来，广外驻村工作队便以党建为抓手推进工作，不仅以全校33个二级党组织与蒲芦洲村的贫困村民"结对子、一对一"的方式抓好工作落实，还创新性地把广外党建工作坊延伸建立在蒲芦洲村，探索出"蒲芦洲党建工作坊""广外·蒲芦洲定点帮扶党建基地""支部书记到农村讲党课""青马工程示范班学员助力第一书记"等基层党建扶贫新模式。每年广外除了以学院为单位组织师生到蒲芦洲村走访入户、送暖问需、对接工作外，还组织师生团队到镇村开展社会调查、支农支教等社会实践活动，前后有2000人次到访过蒲芦洲村。

二是主动探索通过留学生讲好中国故事的路径。自2016年以来，学校每年都有外

---

  * 广外助力蒲芦洲村美丽蝶变［EB/OL］.（2021 - 03 - 22）. https：//www.gdufs.edu.cn/info/1106/56181.htm.

籍师生到蒲芦洲村实地参观，了解村子的产业发展，到之前的贫困户家中走访，了解中国脱贫攻坚和乡村振兴所取得的成就，还参与村子的柚子节、柚花节、乡村文化表演等活动。他们通过观察和体验，用"世界语言"客观真实地传播了中国好故事。

广东医科大学：为青少年播撒自我保护的种子[*]

广东医科大学"微尘·心"社会实践队成立于 2012 年，队伍以"性教育"为主题，为粤西地区青少年播撒自我保护的种子。十年来，团队累计募集资金 10 万元，开展性教育活动超过 50 场，为 1 万多名青少年发放原创性教育绘本。目前，团队不断壮大，服务内容不断拓展，服务范围也在不断延伸，"蓓蕾夏令营""性教育课堂""社区亲子共学"等项目的出现也让性教育被越来越多的人接受。

2018 年，在"校地共建"的契机下，团队走进湛江霞山，将寒暑假驻点式性教育向常规化性教育转变，秉承着"让性教育如呼吸般自然"的理念，进学校、进社区、进网络，让性教育切实来到青少年身边。团队自主研发课程教案，自编童话剧场、性教育绘本，自创性教育游戏，将性教育转变为青少年学习、玩乐的另外一种选择。2019 年，团队以"你的性教育是孩子的第一道防线"为题，发布家庭性教育引导推文，收获 4.2 万阅读量，随后，团队走进社区，开展"亲子共学计划"，打造"青苹果之家"，探索亲子课程、亲子阅读、亲子游戏的家庭式性教育模式，让家长成为性教育的守护者，让家庭成为性教育的港湾，多年的时间让"青苹果"社区模式在湛江市五个社区扎根，300 多个家庭从中受益，"守护青苹果"也成为霞山社区平安建设的靓丽名片。

项目具有以下特色与亮点：

一是将大学精神内化于心外化于行。多年来，广东医科大学坚持将理论与实践相结合，让志愿与公益双驱动，学校连续五年获得暑期"最佳实践大学"，连续两届获得中国青年志愿服务项目大赛金奖。刚开始服务时，没经费没资源，团队仅靠大家"集资"的一两千元，支撑起半个月的课程、交通、食宿等多种开销，为了苦中作乐，负责饮食的伙伴经常将一盘菜分成三份，大家从来没有过任何怨言，始终相信实践服务就是践行广东医科大学精神最好的舞台。

二是注重项目的持续性和品牌打造。在"微尘·心"社会实践队连续十年的社会

---

* 广东医科大学志愿者七年坚持粤西农村安全教育 ［EB/OL］. （2018 - 07 - 30）. https：//www. zhanjiang. gov. cn/zdlyxxgk/gxxx/gzdt/content/post_ 1386400. html.

实践中，始终秉承着"微之所处，尘之我如，心之怀远"的宗旨，结合广东医科大学学子的专业特长，聚焦贫困农村地区医学常识缺乏问题，为当地孩子们带去包括急救知识、寄生虫防范知识、性教育、阅读流动儿童图书馆等八大项寓教于乐的夏令营课程。在持续的打磨下，"微尘·心"活动已经成为广东医科大学暑期"三下乡"的一张靓丽名片，激励广东医科大学学子把青春奋斗融入党和人民事业，把青春写在祖国大地上，不负时代，不负韶华。

岭南师范学院：为留守儿童群体提供情暖关怀服务[*]

"萌芽"社会实践队是一支隶属体育科学学院的综合性队伍，自2016年成立以来，"萌芽"社会实践队共获得国奖2项、省奖2项、校级多项奖项的荣誉。队伍始终坚持以"情系童心，筑梦未来"为核心价值观，持续践行留守儿童关爱保护行动，促进教育公平，解决"留守"之难题。长期驻扎在粤西基层第一线，为粤西地区广大的留守儿童群体提供情暖关怀服务，坚持把知识与温暖代代相传。

"萌芽"社会实践队深入廉江市良垌镇土石小学，以传统文化为基点，推陈出新，有计划地组织开展了各类特色的支教助学课程。在当地开设传统武术、足球等体育课程，同时走访并举办关爱留守儿童、爱国教育宣讲、安全教育等活动，为建设体育强国和增强爱国主义教育贡献"萌芽"力量。此外，队伍还专门成立调研小组，挖掘当地传统文化，深入调研广东省级非物质文化遗产良垌镇"舞鹰雄"，在老师和队员的不懈努力下，完成了实地调研和论文撰写工作，也为"舞鹰雄"的传承与发展提供了新思路和新路径，助推该传统文化传承好、发展好、走出去。

"萌芽"社会实践队重实践注成效，社会媒体反响热烈。其共被报道1062次，被全国性媒体报道453次，如中国青年网官网4次，中青校园62次；其中《"大学生老师"为留守儿童插上梦的翅膀》在当地媒体《湛江日报》发表之后，先后被湛江文明网、光明网百家号等多家媒体报道。近几年，同样隶属于体育科学学院的"追希""暖流"社会实践队都取得了可喜的佳绩。

项目具有以下特色与亮点：

一是学校高度重视"三下乡"活动，在学院领导的支持和关怀下，队伍的工作得到了很好的保障。指导老师多次召集实践团队进行会议讨论，完善队伍策划机制部署，力求实践活动全面而有效地开展。此次活动得到基地校长和学生家长们的高度赞扬，期待学校将派出更多队伍到当地开展实践活动。

---

* 【学院动态】体科院"萌芽"社会实践队喜获全国优秀实践团队［EB/OL］.（2019-12-24）. https：//d. lingnan. edu. cn/xyh/info/1114/1409. htm.

二是发展学校的特色活动，进一步推动学校阳光体育运动深入开展。在留守儿童中开展体育锻炼，通过体育运动培养青少年对足球的兴趣爱好，推动全民身体素质提升，帮助青少年在以后的学习和生活等方面得以健康成长。

广州大学：用"新闻扶贫"点燃传播之光[*]

2016 年 7 月，广州大学新闻与传播学院首次开展"新闻扶贫"暑期社会实践活动。5 年里，先后有 50 余名专任教师带领近 200 名学生走基层，一批又一批师生身携"重器"，步履坚定，走进广州市对口帮扶的贫困县、村，用脚步丈量，用心灵摩挲，用镜头记录，用文字镌写，将一段又一段令人动容的扶贫故事、一个又一个崭新的扶贫模式以多元的形式展现在公众视野中。

2020 年是决胜全面建成小康社会的收官之年，决战脱贫攻坚战的"大考"之年，也是新冠疫情肆虐、压力陡增之年，广州大学新闻与传播学院的暑期社会实践队伍又一次负重出发，深入梅州、清远，开展新闻扶贫回访和电商直播带货主题实践活动，在乡村挥洒青春，以实际行动助力脱贫攻坚。

在本次暑期社会实践活动中，院长田秋生助力梅州直播带货活动，在直播间现场教学，讲述五华苦米的历史。党委书记李雁前往清远连州进行脱贫情况调研，并在清远电商直播组现场直播带货。党委副书记方建平带领清远新闻扶贫组到清远朱岗村、联一村和斜磅村进行深入调研。

与此同时，各个专业老师全程指导。张静民教授带着新闻扶贫队伍通过纪录片拍摄的形式，详细记录了该校对口帮扶的中兰村面貌和村民生活的变化。

在广梅产业园，夏德勇教授现场指导新闻采写，手把手教会同学们如何更自然地深入挖掘被访者口述中的新闻信息。孔令顺教授带队亲自走访扶贫专题微广播剧《高山上的银杏》的故事发生地斜磅村，与同学们一起体味脱贫攻坚战中驻村扶贫干部的真诚、智慧和艰辛。

刘雪梅副教授坚持新闻学子始终要"扎根中国大地做新闻"的方向，带领学生团队前往清远连州市联一村进行新闻扶贫回访，走访了贫困户并拍摄了主题纪录片。

刘玉萍副教授、许莹冰老师在清远阳山宝晶梨的直播带货现场，带领学生了解农产品，指导学生直播带货。

李鲤副教授冒着酷暑走访朱岗村优质稻谷生产基地和脱贫典型代表，体验"乡村

---

* 走进乡村实践，助力脱贫攻坚 ——广州大学新闻与传播学院连续三年开展"新闻扶贫"主题暑期社会实践活动成效显著 [EB/OL]. (2021 – 03 – 25). http://xw.gzhu.edu.cn/info/1375/3566.htm.

新闻官"的责任与担当。张灵敏老师远赴梅州，调研产业扶贫、精准扶贫给湖中村带来的新变化，并制作短片《走进》记录精准扶贫带来的显著变化。

曾岑老师带队专门走访五华县当地的无花果种植基地、蛋鸭养殖基地，了解直播带货产业链的方方面面。

老师们以体验式课程思政形式，在实操环节，因地施教，亲身示范，春风化雨般给学生们以思想洗礼，帮助学生们尽快"破墙"，全身心进入工作和学习状态。

参与本期暑期社会实践的成员涵盖了新闻学系、传播学系、广播电视艺术系和播音主持艺术系等全部专业学生。

在实践过程中，研究生和本科生齐上阵，新闻学系同学发挥文字优势，传播学系同学整合成新媒体形式，广播电视艺术系同学发挥过硬的编导思维，播音主持艺术系同学展示过硬主持本领，打磨出一篇篇精彩的新闻文本，制作出一条条精美的微视频，将贫困地区的扶贫故事生动还原。

本次社会实践在各类宣传平台总计发布稿件50余篇，短视频30多条。其中20余篇优质新闻稿件被新华网客户端、人民日报客户端、学习强国平台、央广网，以及《广州日报》《羊城晚报》《信息时报》等媒体刊载；近10条高质量短视频在人民日报客户端、学习强国平台、大湾区之声、南方＋等平台播出。其中《广州大学新传人：又见"远"景，助力扶贫》《广州大学：把新闻课堂搬到扶贫一线田间地头》《广州大学特色思政课：走进乡村实践，体验脱贫攻坚》《一颗无花果的故事》等稿件和视频被人民日报客户端刊载。

实践期间，梅州队和清远队走进产业帮扶的工厂车间，走进山路崎岖的贫困村，调研村支部、做客贫困户，访谈第一书记，获得第一手的、最鲜活的典型事迹。在此过程中，老师们全程讲授、悉心指导，学生们真采、真写、真拍、真发表，切实锻炼了作为新闻工作者所必需的"脚力、脑力、眼力、笔力"。

全面建成小康社会需要每一个青年积极参与、勇于担当。广州大学新闻与传播学院创新开展"新闻扶贫"主题暑期社会实践活动，行稳致远，在坚持新闻理想中不断思考，在传播一线故事中明确方向，在融入普通生活中实现价值，努力成为新时代的记录者与推动者。

南方科技大学：大学生担任贫困村"第一书记助理"[*]

2019 年 7 月，广东省面向省内在校大学生选拔 500 多名青年学员，前往 100 个省定贫困村挂职担任"第一书记助理"，"青马工程"学员利用寒暑假或实习期间前往省定贫困村进行为期一年的工作，配合贫困村党团组织和第一书记做好扶贫相关工作，教育引导青年学生投身脱贫攻坚，助力乡村振兴，在基层社会治理中深化对国情、社情、民情的认识，推动"思政小课堂"和"社会大课堂"深度融合，培育具有家国情怀的青年马克思主义者和优秀青年政治骨干。

南方科技大学作为 2019～2020 年广东大学生"青马工程"培训班学员深入省定贫困村进行社会实践活动的试点单位，学校党委高度重视"第一书记助理"项目，校团委组织选拔广东大学生"青马工程"培训班学员深入省定贫困村担任"第一书记助理"，经过校各级团组织推荐、笔试、面试等环节，最终 2016 级微电子科学与工程专业本科生、树德书院郑金涛和致新书院钟宇昕，2017 级生物科学专业本科生、致新书院王天奇三名同学在此期间前往学校对口帮扶的贫困村——河源市和平县超田村担任"第一书记助理"。

出生在潮汕地区小山村的郑金涛是一名扶贫工作受益者。当年，驻村的"基层建设工作队"帮助郑金涛家乡实现了脱贫致富。怀揣着感恩和激动之心，郑金涛在看到学校"省定贫困村第一书记助理项目"通知的第一时间报了名；2019 年 12 月，超田村党群服务中心正式投入使用，王天奇的对联作品"党建带扶贫，凝心聚力奔小康；高校促合作，绿水青山新超田"被悬挂在党群服务中心两侧，成为南方科技大学"省定贫困村第一书记助理项目"在超田村的印记之一；主动报名"省定贫困村第一书记助理项目"的钟宇昕，既有着对扶贫一线工作的好奇，也怀着为扶贫工作贡献一份力量的信念。

驻村期间，三名"第一书记助理"参加了脱贫攻坚实操培训班，尽快融入当地工作。为推动精准扶贫，他们主动走访贫困户，了解基本情况；为实现有序脱贫，他们

---

* 青马学员的这一年：超田村的"南科印记"［EB/OL］．（2020－06－20）https：//newshub. sustech. edu. cn/html/201908/38326. html.

协助制定两年发展规划，推进对口扶贫任务全面有序完成；为推进产业扶贫，他们积极考察当地可行致富产业，如百香果种植基地、玫瑰园等，为贫困户寻找脱贫致富的门路。超田村的玫瑰园已经成了当地的网红打卡景点，为超田村的脱贫工作提供了有益助力。

任职"第一书记助理"这段特殊的经历，不仅让学生在基层社会治理和深度社会实践中深化对国情、社情、民情的认识，甚至影响到他们的人生选择。如钟宇昕就选择成为一名留校辅导员，为更多青年学子成长做贡献。

广东省外语艺术职业学院：以青年视角关注民生国情[*]

　　广东省外语艺术职业学院组建南粤党旗红实践队，利用暑期时间前往梅州市雁洋镇开展为期9天的深度调研和党史学习教育宣讲，在多彩乡村中增强爱国爱乡之情，提升文化自觉和文化自信，汲取前行的力量。

　　实践队先后走访调研了长教村和雁上村，通过与村民们深入交谈，了解当地的发展现状和未来规划，感受红色旅游资源对乡村振兴的强大助推力，惊叹曾经的贫困村庄近年发展与蝶变。

　　为追寻红色足迹，深入学习党史，传承红色基因，实践队走进雁洋镇叶剑英纪念园和大埔县三河坝战役纪念馆等革命红土地"实地学"，聆听革命先烈事迹"情景学"。通过寻访革命先辈的英勇事迹，聆听革命故事，零距离接受红色文化熏陶，坚定理想信念。实践队紧密结合所学专业技术知识，充分利用梅州丰富的红色资源，深度挖掘红色故事、红色人物，通过拍摄长教村多彩乡村宣传片，制作有温度、易传播的视频，助力梅州"以古色吸引人、以绿色留住人、以红色教育人"。

　　除此之外，实践队还通过开设专版专栏、拍摄专题片等形式宣传红色文化，充分利用微信视频号、学习强国等网络平台扩大宣传推广，增强红色文化的吸引力、感染力、传播力。

　　实践队通过精品直播党课形式开展了"游红色基地，传革命薪火"云党课直播活动，在叶剑英纪念馆、三河坝战役纪念馆开展线上党史学习教育，充分利用新媒体直播技术，让大家足不出户"云游"红色文化基地，让广大党员利用劳作闲暇等碎片时间使用手机端随时随地听党史、读党史，提高学习效率，使党史学习教育入耳、入心、入脑。"党史直播间"是南粤党旗红实践队探索以"三化"模式，即项目化、信息化和作品化推进"互联网＋"党史学习教育工作的新模式，突出"以讲促学、讲学结合"，立足南粤红色资源，通过"云游"红色文化基地、党员讲党史上党课，利用5G融媒技术，实现图、文、视频多形式聚合，网、端多平台覆盖，突破了以

---

　　* 广东学子三下乡：党史学习教育这样学，"走新"又"走心"！［EB/OL］.（2021－09－26）. https：// dxs. moe. cn/zx/a/gxdt_ sj/210926/1724082. shtml.

往线下党史教育难集中、覆盖窄等瓶颈，实现党史学习教育精准覆盖，让广大党员身临其境地接受红色教育。实践队已开展两次党史直播，超过 10 万人次观看直播，点赞转评高达 8 万多人次。

广东轻工职业技术学院：直播带货、电商培训，助力地方脱贫攻坚[*]

为助力决战决胜脱贫攻坚，广东轻工职业技术学院多支师生团队深入精准扶贫一线展开暑期社会实践。电子商务、市场营销、国际经济与贸易等专业师生组成"阿湛鲜生"电商扶贫助农实践队，来到学校对口帮扶的湛江市廉江市营仔镇展开电商扶贫。

为开发具有当地特色的电商扶贫产品，在镇委镇政府的支持下，团队师生重点考察调研了当地特色资源现状和电商配套条件。通过调研发现：海鸭蛋、生蚝、海对虾和海红米等产品品质上佳，且有一定的产业基础，很适合生鲜电商扶贫推广。由于信息相对闭塞，长期以来，当地产品缺乏品牌建设，存在"有货无品"等问题；在包装、仓储和物流等方面也未能很好地满足电商销售要求，需要进一步整合和优化。

团队充分发挥当地资源优势，重点打造以"生蚝、海对虾、海鸭蛋、海红米"为核心的"营仔四宝"扶贫品牌产品。通过品牌VI及商标设计，整理编撰品牌故事，加大融媒体宣传推广，树立品牌形象，讲好品牌故事，让扶贫产品真正"叫得响"。

为让扶贫产品"卖得好"，团队在抖音、花椒等平台组织了百场直播带货活动。为此，队员们做了大量准备工作。没有直播间，团队就把驻地小学的课室改造成直播间，没有直播经验，队员们就反复观看网红直播视频，学习别人如何直播，并通过多次试播来提升直播技巧。最终取得了销售产品逾万件（含预订），直接收入逾五万元的好成绩。

为让当地更多村民了解电商，提升电商创业脱贫能力，让电商扶贫"做得久"，团队在当地开展了为期一周的农村电商基础培训，并专门编写了培训材料。培训范围覆盖全镇22个自然村，培训超2000人次，并取得了较好的成效。

项目具有以下特色与亮点：

一是聚焦时事问题，以调研加深理解国家重大战略。实践团队员们从扶贫脱贫现

---

[*] 【校园风采】直播带货、电商培训，广东轻工职业技术学院师生团队助力地方脱贫攻坚［EB/OL］.（2020 – 09 – 04）. https：//static. nfapp. southcn. com/content/202009/04/c3993410. html.

状、产业扶贫现状、未来发展规划等多方面了解贫困村实际情况，通过聆听扶贫一线的工作故事，学习扶贫的实际经验，实践团队员们收获了书本上学不到的成长实践经历，更加理解了"全力打赢脱贫攻坚战"的深刻内涵。

二是发挥青年特点，以青年之"新"带动农村发展。实践队在实践中针对农户们不熟悉互联网电商模式的问题，发挥专业特点，用"互联网＋电商"的方式，使用当下最热门的抖音短视频、视频直播等帮助当地农户加强宣传、扩大知名度、提高销量。

广州软件学院：打造乡村特色墙绘
"党史学习长廊"[*]

在党史学习教育中，广州软件学院组建"艺术扶苗"志愿服务队，深入乡村，围绕党史学习教育、社会主义核心价值观、中国梦、乡村振兴等主题，通过绘制宣传画让一面面墙壁变成美观而又会"说话"的文化墙。实践期间共计墙绘面积超过5000平方米，参与志愿者多达12000人次，累计志愿时数达30000小时，服务地点多达40个，先后获得《人民日报》、学习强国等各级媒体报道153篇，省级以上25篇。同时，志愿服务队被评选为2021年广东大中专学生志愿者暑期文化科技卫生"三下乡"社会实践活动全国重点团队，2020年获广东省大中专学生志愿者暑期"三下乡"社会实践活动优秀团队等省级荣誉立项达21项；获得省级"攀登计划"一般立项；连续2年获得"益苗计划"新时代文明实践赛专项赛优秀项目；获得校市级以上奖励42项。

"艺术扶苗"志愿服务队联合周边村社组织积极搭建"四个"平台，推进党史学习教育汇入社会实践。

一是搭建"以艺惠民"平台。以前，村镇和学校墙皮脱落、破烂不堪或者简单印刷广告标语的墙壁不能起到很好的宣传示范作用，自从"艺术扶苗"志愿服务队进行垃圾分类主题墙绘后，许多村民看到特别的绘画，表示舍不得去破坏、污染。

自墙绘活动开展以来，志愿服务队不断创新党史学习教育宣传形式，拓宽宣传渠道，将文化墙作为传播载体。依托农村现有的农户院墙，绘制党史学习教育的"窗口"和"园地"，让群众看得见、看得懂，让党史学习教育真正入脑入心。

二是搭建"以艺育人"平台。打造特色墙绘，贴了游戏系学生专业特长，将专业学习通过社会实践应用到为民服务中，不仅提升了大学生的专业能力，也锻炼了大学生的实践能力。通过墙绘社会实践，游戏系搭建了一个艺术专业育人平台，通过党史系列主题墙绘，新时代青年学生感受到党的发展以及祖国变化，由衷感到骄傲和自豪。

三是搭建"以艺聚力"平台。通过与社工组织合作，"艺术扶苗"志愿服务队为

* 广州软件学院发挥艺术专业优势 特色墙绘打造乡村文化传播和党史学习长廊［EB/OL］.（2021 - 12 - 07）. https：//www. canedu. org. cn/site/content/6199. html.

孩子们讲述红色故事，让他们积极参与到党史主题墙绘中。同时，通过"线上＋线下"管理平台，志愿者管理将更为系统化与科学化，通过凝聚党总支、团委、社区、社工机构和社会组织的力量，学校打通了劳动教育和基层特色服务的通道。·

四是搭建"以艺传承"平台。志愿服务队完成了 135 幅主题设计作品，结合实际，精选了 50 幅作品进行主题绘制。一张张生动的图片再现了南粤大地红色革命岁月，这些红色革命地标丰富了宣传内容，对内凝聚合力、激发斗志，对外扩大影响力、传播力。